# 나만의 블루오션전략
### 〈화술편〉

민영욱 (한국스피치&리더십센터 원장) 지음

**가림출판사**

## 책머리에

삼성그룹 이건희 회장이 식당을 하는데 손님이 문전성시를 이뤘다. 한 친구가 놀러 와서 부러운 듯 말했다.
"자네, 정말 좋겠구먼!"
이건희 회장이 말했다.
"무슨 소리야? 난 요즘 등에서 식은땀이 흘러."
친구가 의외라는 듯 물었다.
"아니, 이렇게 매일 매일 손님들이 장사진을 치면서 20분씩 기다리는데 뭐가 걱정인가?"
이 회장이 대답했다.
"작년에는 1시간씩 기다렸거든."

이제 사업도 유머가 있어야 한다. 미래 예측가들은 우리 사회를 이끌 트렌드로 퍼놀로지(Funology)를 꼽는다. 퍼놀로지는 펀(Fun)과 기술(Technology)의 합성어다.
한 예로 '펀 경영'의 원조인 미국의 사우스웨스트 항공사는 기내 방송에서도 유머를 한다.
"이 비행기는 금연석입니다만, 흡연석이 딱 한 곳 있습니다. 그 곳은 밖에 있는 날개입니다."

미국 소설가 마크 트웨인은 "유머의 원천은 기쁨이 아니라 슬픔이다. 천국에는 유머가 존재하지 않는다."고 했다. 유머는 우리의 삶 속에, 희로애락 속에 있다.

본서의 특징은 첫째, 독자로 하여금 유머센스를 갖는 방법에 대하여 자세히 기술하였다. 유머는 생각의 틀을 바꾸는 발상의 전환에서부터 시작된다. 이에 대한 지식 없이는 효과적인 유머를 구사할 수 없다. 발상을 전환하는 예를 들어 자연스럽게 유머센스를 가질 수 있도록 하였다.

 둘째, 유머의 구조에 대하여 확실히 알 수 있도록 하였다. 유머에는 웃음을 자아내는 펀치가 있다. 이 펀치가 약하면 썰렁한 유머를 할 수밖에 없다. 유머의 구조를 알게 되면 펀치의 강도가 세어진다. 효과적인 유머펀치를 만드는 법을 설명하면서 사례를 제시하였다.

 셋째, 유머 중에서도 위트를 대화에서 활용하는 방법에 대하여 설명하였다. 위트는 한번에 대화 분위기를 반전시키며, 상대방의 감탄을 자아낸다.

 넷째, 생활의 터전이 되는 직장에서의 유머 사용법과 유머 경영을 실례를 들어 설명하였다. 직장에서 유머를 잘 사용한다면 어느새 리더가 될 것이다.
 지난번 '성공하려면 유머와 위트로 무장하라'에 많은 호평을 주신 독자분들께 깊이 감사드리며 아울러 가림출판사 강선희 대표님과 편집진에 감사드린다.

민영욱

## CONTENTS

**책머리에**

**제1장　웃기는 기술이 경쟁력**
1. 유머를 알면 유머가 보인다 ▶ *13*
2. 유머와 성격 ▶ *20*
3. 유머를 잘하는 사람이 매력적인 사람 ▶ *26*
4. 웃기는 기술 ▶ *34*

**제2장　유머의 진정한 의미**
1. 힘들어도 해야 하는 유머 ▶ *41*
2. 웃음의 동기를 파악하라 ▶ *47*
3. 유머는 슬기로운 지혜의 표현 ▶ *54*
4. 유머의 조건 ▶ *60*

**제3장　유머 감각을 기르자**
1. 유머 감각을 키우려면? ▶ *71*
2. 즐겁게 사는 '나' 만들기 ▶ *76*
3. 유머 마인드를 가져라 ▶ *82*
4. 발상력의 원리 ▶ *89*
5. 연상을 습관화 하라 ▶ *98*

**제4장** 〉〉〉 **웃기는 내용 구성과 표현의 기술**

1. 세트업 라인과 펀치 라인 ▶ *105*
2. 예상 파괴 포인트 ▶ *115*
3. 비유의 기술을 익혀라 ▶ *126*
4. 패러디로 웃겨라 ▶ *138*
5. 언어유희를 즐겨라 ▶ *142*

**제5장** 〉〉〉 **유머 화술로 대화를 주도하는 방법**

1. 커뮤니케이션 스타일이 '이미지'를 만든다 ▶ *161*
2. 능숙하게 대화하는 기술 ▶ *168*
3. 말이 서툰 사람을 상대하는 기술 ▶ *178*

**제6장** 〉〉〉 **효과적으로 웃기는 테크닉 활용**

1. 좋은 표정으로 릴랙스 무드를 연출하자! ▶ *187*
2. 효과적인 유머 전달 방법 ▶ *193*
3. 웃음에도 윤리가 있다 ▶ *201*
4. 상대 눈높이에 맞게 유머를 구사하라 ▶ *206*
5. 스핀을 걸어라 ▶ *210*

**제7장** 〉〉〉 **직장생활에서의 유머**

1. 직장생활에 필요한 유머 ▶ *221*
2. 유머 감각이 없는 리더는 리더가 아니다 ▶ *229*
3. 유머 경영의 성공조건 ▶ *236*

**The Art of Humorous Conversation**

제1장 **웃기는 기술이 경쟁력**

유머를 알면 유머가 보인다

유머와 성격

유머를 잘하는 사람이 매력적인 사람

웃기는 기술

사람이 성공적인 삶을 살아가려면
다른 사람과 박자를 맞추어 말할 수 있는 능력이 있어야 하며,
또한 그 능력이 남달라야 한다.

01

# 유머를 알면 유머가 보인다

**유머 여행**

　사람들은 TV나 책, 그리고 다른 사람으로부터 유머를 보고 듣는 것을 좋아하고 즐긴다. 왜냐하면 재미있고 웃을 수 있기 때문이다. 그럼에도 자신이 유머를 구사하면 분위기가 썰렁해지지 않을까 걱정하는 사람이 많다.

　유머의 기본은 여유와 자신감 그리고 언어의 감각이다.
　그런데 어떤 사람은 입만 열면 설교를 하려 든다. 그래서 구구절절이 옳은 이야기지만 마음으로 쉽게 받아들여지지 않는다.
　또 이런 사람들은 무슨 일이라도 진지하게 생각하는 경향은 강하지만, 자신만의 판단에 의지하기 십상이어서 남의 기분은 좀처럼 알려고 하지 않는다.
　미국의 어느 대학에서 매우 흥미로운 조사를 한 적이 있다. 인생에 실패한 사람 1만 명을 대상으로 조사를 한 결과, 그 중의 85%가 자신들의 실패 원인을 '원만치 못한 인간관계' 라고 응답했다고 한다.

그렇다면 원만치 못한 인간관계란 무엇일까? 한마디로 말하면, 다른 사람과 '잘 어울리지 못하는 것'이라고 할 수 있다.

이와는 반대로 인생에 성공한 사람들에 대한 연구 조사도 있다. 미국 보스턴 대학교의 헬즈만 교수는 '40년 연구'에서 7세 어린이 450명을 선정한 후 40년이 지난 뒤 그들의 사회적, 경제적 지위를 조사한 바 있다.

그 연구 결과를 보면 그들의 성공을 가장 잘 설명해 준 변수는 바로 '다른 사람과 어울리는 능력'으로 나타났다고 한다.

대인관계라는 것은 쉽게 말해 다른 사람과 잘 어울려 살아가는 조화력이다.

우리는 무인도에 살고 있는 '로빈슨 크루소'가 아니다. 눈만 뜨면 사람을 만나야 하는 생활을 하고 있는 것이 지금의 우리 모습이다. 또 만나면 인사라든가 무슨 말이든지 해야 된다. 그러면 상대방도 반응하며 말을 한다. 이것이 커뮤니케이션이다. 커뮤니케이션에는 침전물과 같은 결과가 있다. 그 결과가 사연도 많은 '인간관계'이다.

관계에는 서먹서먹한 관계가 있는가 하면 만나면 반가운 관계도 있다. 또 사랑이 꽃피는 관계도 있고, 그저 그런 관계도 있으며, 왠지 피하고 싶은 관계도 있다. 수많은 관계들은 우리를 즐겁게 하거나 또는 슬프게 한다.

어떤 인간관계가 되든지 모두 말로 빚어지는 관계이다. 그만큼 어떻게 말하고 듣느냐가 우리 인생에 아주 중요한 관건이 된다.

특히 어떤어 성공적인 일을 하이가리면 다른 사람과 만치를 맞주어 말할 수 있는 능력이 필하여 하며, 또한 그 능력이 님의라야 한다.

## 말 잘하는 사람들의 공통점

우리 주위에는 어떤 사람을 상대하더라도 능숙하게, 유머스런 말을 서로 주고받으며 분위기를 주도하는 사람들이 있다. 그런 사람들과 대화를 나누는 사이에 나도 그런 사람이 되고 싶다는 생각을 갖게 하는, 커뮤니케이션 능력이 우수한 사람들이다.

그렇다면 이런 사람들이 가진 공통점은 무엇일까?

첫째, '상대를 우선시하며 넓은 식견으로 상대방의 기분을 잘 이해하고 상황에 맞춰 유연하게 대응할 수 있는 사람'이라고 할 수 있다.

바꾸어 말하면, 이런 사람은 자신만의 고정관념에 사로잡히지 않고 상대방의 입장이 되어 기분을 이해하고, 효과적으로 상대방을 기쁘게 하기 위한 방법을 잘 알고 있는 사람이다.

누구나 말은 할 수 있다. 그러나 상대방이 내가 하는 말을 귀담아 듣거나 잘 이해하는가 하는 문제는 '어떻게 말하느냐'에 달려 있다.

아무리 언어예절과 같은 표면적인 테크닉을 사용하여 '조리 있게' 말을 잘하더라도 상대방을 대화에 끌어들이지 못하는 사람은 결과적으로 커뮤니케이션 방법이 서툰 것이다. 무엇보다도 상대방의 감정을 움직일 수 있는 깊은 공감의 말이나 유머스런 대화가 필요하다.

사람은 버튼만 누르면 작동하는 기계가 아니다. 감정이라는 마음의 호수를 가진 동물이다. 호수는 돌을 던져야 파문을 일으킨다. 따라서 상대방의 마음을 움직여야 내 말 속에 들어오게 할 수 있다.

그렇다면 어떤 돌을 던질 것인가?

둘째, 커뮤니케이션 방법이 뛰어난 사람은 다른 사람을 즐겁게 하는 기술이나 유머를 만드는 방법도 역시 뛰어난 것이 보통이다.

감정에 반대되는 것은 이성이다. 우리가 판단을 내리는 데 작용하는 것은 무엇일까?

우리가 판단을 내리는 데는 이성이 20%, 감정이 80% 작용한다고 한다. 한 개인과 다른 사람들 사이를 가로막고 있는 수많은 장벽(이성)들과 관련된 '거부감'을 넘어서게 하는 것이 바로 유머이다. 우리는 즐거우면 이성을 벗어버리고 무장해제를 한다.

심리학적으로 볼 때, 좋은 유머는 단번에 상대방의 주의를 집중시킴으로써 대화의 내용을 받아들이기 쉽게 만들어준다.

웃음은 호감과 협력을 나타내는 '신호'이다. 따라서 다른 사람의 웃음을 쉽게 이끌어낼 수 있는 사람은 그만큼 매사에

### 유머와 술

회식자리에서 술을 주고받는 가운데서 술맛과 흥이 나듯, 유머도 서로 주고받는 데 묘미가 있고 흥이 있다.

남들이 한마디씩 유머를 던지며 '하하' 웃을 때 유머를 못하는 사람은 어떻게 행동할까?

유머에는 유머로 응수해야 되는데, 이른바 유머가 통하지 않는 사람, 특히 유머를 잘 하지 못하는 사람에 대해서는 상대방은 물론이고 본인도 답답함을 느낀다. 마치 술 한 모금 못 마시는 사람이 억지로 술자리에 끼어든 셈이라 할까. 그래서 친구들과 어울려도 썩 재미가 없다.

어떤 때는 입을 꼭 다물고 듣는 것이 상책이라고 생각해 고개만 끄덕거린다. 그래서 풀이 죽고 어느새 "그래, 그래" 하며 추임새만 하다가 자리를 뜬다. 헤어져 돌아오는 길목에서 어느새 작아져만 가는 자신을 발견하게 된다.

"말수도 없고, 애교도 없어…."
"나는 무뚝뚝하다는 소릴 많이 들어. 많이 웃는 편이 아니거든. 특별히 웃을 일이 없기도 하지만 말이야."

이런 독백이 위로가 될 수 있을까?

대부분 유머를 잘 못하는 사람들은 다소 내향적인 성격의 사람들이다. 그렇다고 '내향적인 사람은 꽉 막힌 사람일까?' 반드시 그렇지는 않다.

내향적인 사람은 다소 수줍어하고 말을 많이 하지 않는다. 그리고 남을 지나칠 정도로 의식해서 '가만히 있는 것이 상책'이라고 생각하는 경향이 있다.

이런 사람들을 만나 이야기해 보면, 성실하며 똑똑하고 좋은 사람이 대부분이지만 왠지 카리스마와 유머 감각은 좀 부족하다. 술좌석의 유쾌함처럼 유머의 본래의 목적은 즐거움에 대한 탐닉이 아닐까?

맛 있 는 유 머

## 사원과 보스의 차이

사원이 실수를 하는 것은 멍청해서다.
보스가 실수를 하는 것은 인간이기 때문이다.
사원이 일을 하지 않으면 게으른 것이다.
보스가 일을 안 하는 것은 바쁘기 때문이다.
사원이 예절을 지키지 않는 것은 무례한 것이다.
보스가 예의에 어긋나는 행동을 하는 것은 자신감에서다.

## 02

# 유머와 성격

유머를 잘 구사하지 못하는 사람 중에는 수줍어하는 사람, 경직된 사람, 지나치게 논리적인 사람, 유머를 경시하며 완벽을 추구하는 사람 등이 있다. 더군다나 일에 몰리고 시간에 쫓기며 불안에 시달리는 사람들의 얼굴에서 웃음을 찾아보기란 좀처럼 힘든 곳이 오늘날의 직장이다.

사회생활을 하면서 누구나 '다른 사람에게 못난 모습을 보여주지 않아야 해.', '실수를 하지 말아야 해.', '주어진 시간 내에 일을 끝내야 해.' 라고 생각한 나머지, 정도의 차이는 있으나 실패하는 것에 대해 두려워하게 된다.

그 때문에 직장인 중에는 필요 이상으로 완벽이란 말에 압박을 받아 마치 지금은 많이 나아졌지만 불친절의 대명사였던 과거의 '공무원상' 처럼 결과적으로 무표정한 얼굴, 형식적인 친절로 다른 사람을 대하는 기계적인 사람이 있다. 이런 사람은 기계적인 행동이 몸에 배어 잘 웃지도 않는다. 완벽주의가 아니어도 같은 회사에 오래 근무하고 있으면 다람쥐 쳇

바퀴 도는 것과 같이 매일 같은 일, 같은 사람을 대하므로 누구라도 그러한 경향이 나타나게 된다. 무미건조한 삶이 아닐 수 없다.

## 따뜻한 사람이 되라

지나친 완벽주의는 스트레스로 인해 자신은 물론 인간관계에 좋지 않은 영향을 미치게 된다.

완벽주의자는 '어떤 일도 성실하게 열심히 해내며 약한 모습도 보이지 않고, 모든 일을 자신이 혼자서 완수한다.'라는 생각으로 빈틈이 없는 행동을 한다.

어떤 의미에서는 훌륭한 행동이라고 생각될 수도 있지만, 왜 그것이 다른 사람에게는 수용이 안 되는 것일까?

그러한 행동은 한 발짝 물러나서 보면 마음에 여유가 없는 행동으로 비춰진다. 또 남을 시키면 미덥지 못하다고 느낀다. 나쁘게 말하면, 인간미가 전혀 느껴지지 않는다.

이를 보완하기 위해 완벽주의자 본인은 다른 사람의 인정을 받기 위해서 자신이 일을 잘하고 있고 자신이 훌륭한 사람임을 다른 사람에게 어필하려고 한다. 이것도 스트레스에서 나온 행위일 것이다.

딱하게도 그런 말을 하면 할수록 주위 사람들은 잘 인정하려 들지 않는다. 우쭐거리고 있다고 생각하기 때문이다.

주위로부터 인정받지 못하면 그 사람은 무의식중에 안절부절못하는 등 심한 불안을 느끼기 때문에, 그것을 해소하기 위해서 불필요하게 자기 자랑이 심해지는 등 악순환에 빠지게 된다.

또한 그 완벽함을 주위 사람에게도 요구하게 되면 더욱더 그러하다. 그러한 사람은 마음에 여유가 없기 때문에 바빠지면 주위 사람에게 엉뚱한 화풀이를 하기 십상이다. 그 때문에 실제는 그렇지 않아도 '차가운 사람', '접하기 어려운 사람'이라는 이미지를 주기 쉽고, 대인관계도 매끄럽지 못하게 된다.

만일 그런 사람이 상사라면 부하는 좋은 제안이 있어도 말하지 못하고, 더 나아가서 사무실 분위기도 냉랭해진다. 정도가 지나치면 부하직원을 효율적으로 움직일 수 없고, 그가 맡고 있는 팀은 높은 생산성을 기대할 수 없다.

또한 유머와 센스가 없는 사람은 술을 못 마시는 사람이 술을 혐오하듯 유머를 미워한다.

전 세계에서 가장 완벽한 모습을 보여야 할 사람들은 로마 교황청 사람들인데, 그들도 유머를 구사한다.

얼마 전 서거한 교황 요한 바오로 2세는 예복을 모두 차려입은 근엄한 모습 속에서도 따스함과 위트를 잃지 않음으로써 이전의 교황들과는 달리 신도들에게 더욱 가까이 다가갔다.

폴란드 출신인 바오로 교황은 1978년 10월 22일 자신의 즉위식 후 성 베드로 광장에 모인 신도들에게 자신의 이태리어 발음이 틀리면 지적해 달라고 솔직히 호소했고, 강론이 끝난 후 신도들이 흩어지지 않고 계속 환호를 보내자 이렇게 유머를 했다고 한다.

"이제 점심 먹을 시간입니다. 교황도 밥은 먹어야지요." 라고 말해 폭소를 자아냈다.

 우리는 지금 교황보다 더 엄숙한 자리에 있는지 반문해보자.

### 웃음은 인간다움의 상징이다

 사람들은 보통 시각적 혹은 청각적 자극물이 재미있는 것으로 인식될 때 웃는다.

 웃음은 기쁨과 즐거움 등 밝은 감정을 나타내는 정신 및 신체 운동이다. 웃음의 반대현상이라고 할 수 있는 노여움이나 슬픔은 인간 이외의 동물에서도 볼 수 있지만, 웃음은 그렇게 일반적이지 않다. 그래서 웃음은 모든 생명체 가운데 특히 인간만이 자유자재로 구사할 수 있는 특징 중 하나다.

 그런 관점에서 볼 때 유머를 모를수록 동물에 가깝다고 생각할 수도 있을 것이다. 이것을 반대로 말하면, 유머가 풍부하면 풍부할수록 인간미가 넘치게 된다는 의미이다.

 마이크로소프트의 경영자인 '빌 게이츠'는 몇 년 전의 인터뷰에서 "나는 오래 전에 컴퓨터가 체스 챔피언을 이기는 것은 시간문제라고 말했다. 그러나 그 승리는 별 게 아니다."고 말해 또 한 번 놀라움을 안겨주었다.

 기계세상을 이끈 선도자가 단 한 가지만 할 줄 아는 기계에 비해 유머도 즐기고 희로애락의 감정을 표현할 줄 아는 인간이야말로 진정 놀라운 존재가 아니냐고 반문하는 것이다.

우스운 상황이나 이야기는 사실상 날마다 일어나고 거의 모든 사람들이 접하게 된다. 그때마다 체면을 접고 유쾌하게 웃자. 웃다보면 행복이 들어오고 활력이 샘솟고, 웃을 일이 점점 더 많아지는 웃음 바이러스에 감염될 것이다.

맛 있 는 유 머

## 착한 사람과 나쁜 사람

"아버지…."
"무슨 일이냐?"
"여기 보면 '사람은 그가 사귀는 친구를 보면 알 수 있다'고 하는데 정말 그래요?"
"그럼, 그럼."
"그렇다면, 착한 사람이 나쁜 사람하고 사귄다면 나쁜 거고 나쁜 사람이 착한 사람하고 사귄다면 좋은 일인가요?"
"…."

## 03 유머를 잘하는 사람이 **매력**적인 사람

**매력있는 사람은 어떤 사람인가?**
어떻게 하면 사람들을 즐겁게 하고 말에 설득력을 높일 수 있을까?
신뢰와 함께 설득효과에 영향을 미치는 주 요인은 말하는 사람이 지니고 있는 '매력'이다. 이것은 말하는 사람 자신의 속성이라기보다는 다른 사람이 느끼는 지각과 감각을 통한 인지작용이다.

매력은 신체적 매력과 심리적 매력으로 나눌 수 있다.
신체적 매력은 미모나 외모에서 풍기는 것으로서 요즘 말로 '몸짱', '얼짱'이 대표적인 경우다.
하지만 매력은 단지 외모의 미추에 의해서만 결정되는 것은 아니다. 예쁜 얼굴도 자주 보면 신선함이 떨어진다. 그것보다는 그 사람이 풍기는 분위기나 말투, 혹은 예절 등이 두루 작용하여 매력을 결정하는 경우가 대부분이다.

심리적 매력의 결정적 요인은 당사자들 사이의 '유사성' 이다. 유사성은 의사소통 과정에서 의미의 공유와 신뢰로 서로 좋아할 수 있는 여지를 넓혀준다.

이것은 듣는 사람들이 말하는 사람에 대하여 얼마나 비슷하고, 얼마나 친근하게 느끼며, 얼마나 좋아하느냐에 의해서 결정된다고 본다.

많은 연구에 의하면, 유사성과 친밀감이 호감을 유발한다고 한다. 일반적으로 듣는 사람들은 자기가 좋아하는 취향의 말을 하는 사람에 대해서는 매력을 느껴서 설득을 잘 당하게 된다.

당연한 말이지만, 인생을 성공적으로 살아가기 위해서는 다른 사람보다 멋지거나 뛰어난 능력을 갖추어야 한다. 또한 다른 사람으로부터 호감과 신뢰와 사랑을 받아야 한다.

요컨대 사람들이 당신을 좋아하게 만드는 것이야말로 인생을 살아가는 데 있어서 가장 중요한 과제 중의 하나이다.

유사성과 친밀감을 '빨리' 만들어 주는 효과적인 방법은 무엇일까. 또 자석처럼 서로를 이끌리게 하는 것은 무엇일까?

여기에 대한 답은 여러 가지가 있겠지만, 사람은 함께 웃을 때 가장 빨리 가까워진다. 의사 소통을 할 때는 필요한 말만 하는 것이 아니고 따스한 정이나 즐거움도 함께 주고받게 된다.

이처럼 의사 소통에 효과적인 것이 바로 유머이다. 유머는 사람과 사람 사이의 벽을 한꺼번에 허무는 힘을 가지고 있다.

대화상대와 친해서 웃는 경우도 있지만 처음 만나는 서먹서먹한 관계일 경우에는 오히려 웃음을 통해서 자연스럽게 친밀감을 느끼게 된다.

함께 웃을 수 있다는 것은 곧 서로 긴장과 경계가 풀리고 경직된 신경이 이완되어 편안한 심리상태가 되었음을 뜻한다. 결론적으로 유머를 잘하는 사람이 매력적인 사람이다.

### '남자친구' 하고 싶은 사람

여성들이 가장 '남자친구'로 삼고 싶은 사람은 누굴까? 다음 두 여성의 대화를 보고 생각해 보자.

A : "언니는 어떤 사람이 좋아요? 난 능력 있고, 얼굴도 잘생긴 남자가 좋아요. 성공한 남자를 만나서 구질구질한 내 인생을 확 바꾸고 싶거든요."

B : "난 남자가 너무 얼굴이 하얗고 모범생적인 분위기가 나면 쳐다도 안 봐. 내가 그래서 그런지 모르겠는데, 난 왠지 혼자서도 재밌게 놀 것 같은 사람이 좋아".

언뜻 생각하면 여성들은 미남을 선호할 것 같지만, 사실은 유머러스한 남자를 친구나 배우자의 중요한 조건으로 삼는다. 미혼여성들을 대상으로 한 설문조사를 보면 그런 사실이 확연히 드러난다.

여성들이 얼마나 유머 감각을 가진 남자를 좋아하는지 다음의 픽션과 같은 실화가 여실히 말해 주고 있다.

호주의 한 여성이 2,000파운드(한화로 약 400만 원 상당)를 투자해 한 달 동안 옥외 대형 광고판에 "남편감을 찾습니다다!"라는 이색 광고를 내 화제가 된 적이 있다.

헬렌 조우라는 이 여성은 그동안 결혼을 하기 위해 여러 가지 전통적인 방법들을 시도해 왔으나 전혀 효과가 없어 이 방법을 택하게 되었다고 한다.

"남편감을 찾습니다!"라는 이 광고는 "45세 이하의 전문직 종사자로 경제적 기반이 다져진 다정다감하고 유머 감각이 있는 남성을 찾는다."는 내용을 담고 있었다고 한다.

유머는 서로간의 장벽을 무너뜨리고 친밀감을 갖게 한다. 그렇게 되면 자꾸 만나고 싶고 만나서도 시간가는 줄 몰라 어느새 '사랑' 하는 사이로 발전하게 된다.

요즘 결혼을 못해 외국에서 신붓감을 수입한다고 한다. 유머와 센스를 익히면 굳이 돈 들여 결혼정보 회사에 가는 수고를 줄일 수 있고, 말도 안 통하고 문화도 다른 신붓감을 외국에서 수입할 필요도 없을 것이다.

유머러스한 사람이 인기가 많은 것은 남녀관계에서 뿐만 아니라 다른 관계에서도 마찬가지이다. 초·중·고교는 물론이고 대학생들의 인기투표에서도 1등을 하는 선생님들은 거의가 유머러스한 선생님들이다. 직장생활에서도 마찬가지여서 유머러스한 상사가 인기가 많다.

그런 사람은 어느 자리에 있든 탁월한 재치와 언어 감각으로 사람들의 마음을 환하게 만들어 준다.

### 하이터치의 감각

유머러스한 사람이 왜 인기가 많은가?

처음 만난 사람이라도 재미있는 농담을 잘하여 서먹서먹한 느낌이 금방 사라진다. 그래서 친해지기가 쉽고, 대화에 몰입해서 만나는 동안 시간가는 줄 모르게 되어 상대방에게 '즐거웠다', '유익했다'는 생각을 심어주고 좋은 이미지를 남긴다.

외모는 잘생겼지만 재미없는 사람보다 좀 못생겼어도 유머러스한 사람이 훨씬 더 깊은 이미지를 심어줄 수 있는 것이다.

유머러스한 사람들은 다른 사람들이 자신에게 주목하도록 만들고, 부지불식간에 모임의 분위기를 주도해 리더 역할을 하는 경우가 많다.

직장에서, 친구들과의 만남에서, 연애에서, 부부 사이에도 유머러스한 사람은 단연 돋보이는 존재이며, 인간관계를 쉽게 만들어 가는 사람이다.

그러면 유머러스한 사람이 주목받는 근본적인 이유는 무엇일까?

그들은 '폼 잡기'나 '목에 힘주기' 혹은 '뭔가 있어 보이는 척하기' 따위를 하지 않는다. 상대방의 기분이나 감정에 관심을 기울이고 이를 재치있게 표현하며 대체로 심성이 어질고 허풍이 없는 사람이라고 상대방이 느끼도록 한다.

그래서 유머있는 사람이 말하면 듣는 사람은 긴장을 풀고 자신도 모르게 편안한 마음으로 '관심'과 '호기심'을 갖고 귀를 기울이게 된다.

요즘 유머러스한 사람이 많아지고 유머에 대한 관심도 매우 높다. 그 이유는 무엇일까?

과학기술이 발달함에 따라서 확실히 편리하고 풍요로운 생활을 하게 되었다. 하지만 개인주의는 더 팽배해지고 있어 사람과의 관계는 한층 더 어려워졌다. 인간관계에 어려움을 느낄수록 정보를 주고 받는 대화보다는 유머를 통하여 친밀감 있는 대화를 추구하는 경향이 더 강해진 것이다. 즉 현대를 살아가는 대다수 사람들은 하이테크(High-tech)에 못지 않게 하이터치(High-touch) 감각을 원하고 있는 것이다.

데일 카네기는 '웃음 예찬'이란 글에서 다음과 같이 썼다.

"웃음은 소비되는 것은 별로 없으나 생산하는 것은 많고, 주는 사람에게는 해롭지 않으나 받는 사람에게는 넘치고, 짧은 인생으로부터 생겨나서 그 기억은 길이 남고, 웃음이 없이 참으로 부자가 된 사람도 없으며, 웃음을 가지고 정말 가난한 사람도 없다.

웃음은 가정에 행복을 더하며, 사업에 활력을 불어넣어 주며, 친구 사이를 더욱 가깝게 하고, 피곤한 자에게 휴식이 되며, 실망한 자에게는 소망이 되고, 우는 자에게 위로가 되며, 인간의 모든 독을 제거하는 해독제이다. 그런데 웃음은 살 수도 없고, 빌릴 수도 없고, 도둑질할 수도 없는 것이다."

　우리가 살고 있는 사회는 상호영향을 주며 살아가는 곳이다. 대인관계기술은 어떤 사람을 만나더라도 효과적으로 상대할 수 있는 능력이다.
　이 기술은 성난 사람을 상대하는 것부터 함께 지내기 까다로운 동료와 원만하게 지내기 등 사람과 관련된 모든 내용을 포함하고 있다.
　유머는 인간관계를 잘 하기 위해서는 중요한 윤활유로 작용한다. 일상적인 대화에서뿐만 아니라 지식이나 정보를 효과적으로 전달하고자 하는 발표나 강의에서도 유머는 빼놓을 수 없는 중요한 요소가 되고 있다.

맛 있 는 유 머

## 어머니의 걱정

아들이 열 일곱 살 되는 날 어머니는 간곡히 타일렀다.
"너 담배를 피우기 시작하면 반드시 그 사실을 나에게 알리기로 약속해야 한다. 이웃사람들이 귀띔해서 알게 되는 꼴은 면하게 해달라는 말이야."
그러자 아들이 이렇게 대답했다.
"그 문제라면 걱정하실 것 없어요. 1년 전에 담배를 끊었거든요."

04

# 웃기는 기술

**유머 커뮤니케이션**

우리는 살아가면서 불가피하게 싫어하는 사람과도 커뮤니케이션을 해야 한다.

커뮤니케이션이 서툴러 고민하고 있는 사람이라면 인생 최대의 과제이기도 한 '인간관계'에 대해서도 썩 자신이 없을 것이다. 이런 경우에는 자기 자신에 대한 이미지 변화와 당당한 자신감을 갖는 것이 중요하다. 그 방법으로는 매일 아침 거울을 보고, 거울 속 자신에게 10가지씩 칭찬하면 자신감과 함께 말하는 능력도 크게 향상시킬 수 있다.

유머의 기초는 말하기인데, 말하기의 종류에는 독백, 대화, 상담과 협상, 회의와 토론, 발표와 진행, 강의와 연설 등 아주 다양하다. 그 내용이나 목적에 따라 동기부여, 정보제공, 호소설득, 의전의례, 여흥과 재미로 나눌 수 있다.

독자 중에는 개그맨과 같은 프로 연예인을 목표로 하고 있는 사람도 있겠지만, 대부분은 다음과 같은 욕구 중의 하나를 목표로 할 것이다.

- 지금도 유머를 잘하지만 더욱 잘하고 싶다.
- 유머를 잘 활용하여 인간관계를 풍부하게 하고 싶다.
- 유머 감각을 키워 재미있는 사람이 되고 싶다.
- 좀 더 밝고 명랑한 성격의 소유자가 되고 싶다.
- 발표나 강의, 연설을 할 때 유머를 잘 활용하고 싶다.

인간의 웃음에는 웃음을 유발하는 원인이 필요한데, 웃음의 동기 중에서 우리에게 보편화되어 있는 것은 유머이다. 즉 재미있는 이야기를 통해 웃음을 '일부러' 유발케하는 표현형태이다. 그러므로 유머를 잘 구사하기 위해서는 유머의 원리를 알아야 하고 훈련을 통해 표현기술을 향상시킬 필요가 있다.

웃기는 기술을 익히려면 가장 먼저 인식의 전환이 필요하다. 우스갯소리를 잘하는 사람을 '실없는 사람'으로 생각하거나, 아무리 재미있는 애기를 들어도 체면을 생각하며 웃지 않는다면 유머 감각을 기를 수 없을 것이다.

운전면허를 딴 후 능숙한 운전기술을 익히기까지 얼마나 많은 시행착오를 거듭해야 하는가?

웃기는 기술도 마찬가지이다. 항상 열린 마음을 갖고, 웃을 준비와 웃길 준비를 하고 있어야 한다. 하나의 유머를 들으면 일단 수첩에 메모하고 그것을 시간 날 때마다 숙지해서 가까운 사람에게 들려주라. 최소한 다섯 사람에게 애기해야 비로소 자기화 시킬 수 있다. 이것이 5:1의 법칙이다.

글을 잘 쓰기 위해서는 많이 읽고 많이 쓰고 많이 생각하라고 했다. 말도 역시 많이 듣고 많이 하고 많이 생각하다보면 자연히 웃음의 감각과 웃길 수 있는 테크닉이 몰라보게 좋아지게 된다.

사회생활에서 직설적으로 말하기 어려운 것도 유머라는 포장을 씌워 말하면 부작용 없이 전달을 할 수가 있으며 특히 어려운 설득에도 성공할 수 있다.

미국 의회의 원로인 '샘 어빈(Sam Ervin, Jr.)' 상원의원은 그의 오랜 경험을 바탕으로 "유머는 선악을 명백히 하고 콤플렉스를 단순화하고 거만한 사람의 거드름을 없애고, 오만한 사람을 징벌하며 웃음의 교훈을 강조하고, 말에 광채를 더할 능력과 자신감을 부여한다."라고 말했다.

유머를 커뮤니케이션에서 사용하면 다음과 같은 많은 효과를 얻을 수가 있으며, 특히 삶에 여유를 더해 주고 개인이나 청중과의 관계도 보다 우호적이 된다.

① 처음 만나는 사람이나 낯가림하는 상대라도 이내 마음의 문을 열게 한다.
② 누구라도 호감을 갖기 쉽기 때문에 친구가 많아지며, 이성을 사귈 때도 훨씬 더 유리하다.
③ 당신의 말에 흥미를 갖게 하고 집중하게 한다.
④ 강한 인상을 준다. 그리고 당신의 말을 기억하게 한다.

⑤ 적대감을 없애주고 우호성을 증진시켜 준다.
⑥ 유머는 장미꽃들을 드러내고 가시들을 숨긴다. 즉 분란을 일으키지 않고 무거운 분위기를 훨씬 가볍게 만든다.
⑦ 상대방을 기쁘게 하고, 또 행복하게 한다.

**또한 웃음의 효과는 자신에게도 다음과 같은 이익을 준다.**

① 정서적 안정과 긍정적 사고를 가져다 준다.
② 기분이 좋아지고 생활이 즐거워진다.
③ 몸이 건강해지고 매사에 당당해진다.
④ 리더십이 생기고 대중들이 두렵지 않게 된다.
⑤ 사업을 한다면 손님이 두 배로 늘게 된다.

맛|있|는|유|머

## 연설문

중요한 모임에서 연설을 하게 된 회장이 사내에서 문장력이 으뜸으로 꼽히는 사원에게 20분짜리 연설문을 쓰게 했다. 그런데 그 중요한 모임에 다녀온 회장은 노발대발했다.
"어쩌자고 40분짜리 연설문을 썼어? 연설이 다 끝나기도 전에 청중이 반이나 나가버렸잖아."
연설문을 작성한 사원은 당황한 기색이 역력한 표정을 지으며 말했다.
"저는 20분짜리로 써 드렸는데요. 그리고 회장님께서 분부하신 대로 2부를 복사해 드렸고요."

## The Art of Humorous Conversation

제2장 » **유머의 진정한 의미**

1 힘들어도 해야 하는 유머
2 웃음의 동기를 파악하라
3 유머는 슬기로운 지혜의 표현
4 유머의 조건

당신이 불쾌한 기분 속으로 들어가기 때문에 모든 것이 불쾌해 지는 것이다.
먼저 유쾌하게 생각하고 행동하라. 그러면 유쾌한 기분이 저절로 솟아날 것이다.
이것이 평화와 행복을 불러오는 방법이다.
- 데일 카네기(미국의 성공연구가) -

## 01 힘들어도 해야 하는 유머

**괴로움을 웃음으로 풀자**

살다보면 우울하거나 왠지 일이 안 풀려 짜증이 나고 인상이 찌푸려질 때가 있다. 물론 스트레스를 풀기 위해서 이따금 남에게 푸념을 하거나 불평을 말하는 것은 어쩔 수 없을 것이다. 그러나 언젠가는 푸념이 비극을 불러일으키는 말의 씨앗이 된다. 또 듣는 사람도 마음이 편치가 않다.

그런데 습관적으로 푸념이나 불평을 하거나 남 앞에서 싫은 표정을 드러내는 정도가 지나친 사람이 있다. 또 무엇인가 싫은 일이 있을 때에는 곧바로 한숨을 내쉬며 비극의 주인공인 양 행세하는 사람도 있다. 이러한 행위는 자신만을 생각하고 남을 전혀 생각하지 않는 행동이며, 결국 따돌림을 자초하는 행동이다.

처음에는 주위 사람도 고개를 끄덕거리며 동정할지도 모르지만, 그런 모습이 하나의 이미지로 굳혀지면 아무도 상대하려 하지 않는다.

'찰리 채플린'은 웃음은 희극이 아닌 비극에서 나온다고 했다. 삶이 고단하면 고단할수록 그만큼 더 웃음과 유머는 필요한 것이다. 억지로라도 웃자!

사소한 문제들에 부딪혔을 때 감정적으로 처리하지 않는 것이 현명한 처사이다. 괴로워하거나 기분이 나쁘거나 화내거나 하는 감정은 인생에 아무런 도움이 되지 않는다. 아무리 괴로워도 원만한 사회생활을 꾸려나가려면, 그것을 아무도 눈치 채지 못하게 하려는 굳건한 '정신력'이 필요하다.
  산다는 것은 힘든 일이다. 스트레스가 많은 오늘날, 좀 더 여유있는 마음을 가지는 일이 필요하다.

"좀 웃으시오. 그리고 부하들에게도 웃음을 가르치시오. 웃을 줄 모른다면 최소한 빙글거리기라도 하시오. 만일 빙글거리지도 못한다면 그럴 수 있을 때까지 구석으로 물러나 있으시오."

이것은 처칠이 제1차 세계대전 때 폭탄이 떨어지는 전장의 참호 속에서 부하 장교들에게 했던 말이다.
  양치기 소년의 우화처럼 매일 불평이나 푸념을 하는 사람에 대해서는 아무도 도우려고 하지 않는다. 그러나 어려움을 스스로 극복하려고 노력하며 웃음을 보이고 유머를 하는 사람에 대해서는 도와달라고 말하지 않아도 '도와주자!' 라고 생각하는 것이 사람들의 '인정'이다. 그리고 이러한 하나 하나의 행동이 인간성으로 나타나고 거기에 매료된 사람들이 점차 모여 인간관계가 넓어진다. 그렇게 탄탄한 사회적 기반을 마련하는 것이다.

### 괴로워도 유머를 한다

유머에 담긴 깊은 의미는, 단순하게 사람을 웃기는 것만이 아니다. 그 이상의 의미를 담고 있다.

독일에서 유머는 "~에도 불구하고 웃는다(Humor ist, wenn man trotzdem lacht.)."라고 정의된다.

이 '~에도 불구하고'의 의미는, 나 자신은 지금 괴롭지만 그것 '~에도 불구하고', 상대방에 대한 배려로서 미소를 띠며 웃는 얼굴로 대한다고 하는 것이다.

"세상에서 가장 심하게 고통 받는 동물이 웃음을 발명했다."라고 철학자 '니체'는 말했다. 그리고 만화 스누피를 그렸던 '찰스 M. 슐츠'는 "행복한 상태에서는 유머는 태어나지 않는다."라고 말하고 있다. 또 다른 미국의 작가 '마크 트웨인'도 "진정한 유머의 원천은 애수이다."라고 말한 바 있다.

이런 말들은 이 세상의 부조리나 인간의 깊은 슬픔을 안 다음 그럼에도 불구하고 웃는 것이 바로 유머의 진정한 의미라는 것을 시사한다. 따라서 유머를 하찮은 것이라고 치부하지 말라. 코끝이 찡하고 가슴을 울릴 정도의 깊이를 가진 유머도 있다.

제1차 세계대전 때 독일의 황제 빌헬름 2세는 웃지 않기 때문에 제국을 잃었다는 것이 린위탕(林語堂, 중국의 문명 비판가이자 작가)의 갈파다. 황제는 언제 웃어야 할지 무엇을 보고 웃어야 할지 몰랐기 때문에 전쟁에서 졌다는 것이다.

그의 웃음은 항상 승리와 성공의 웃음, 군림의 웃음이었을 뿐 진정한 유머 감각의 소유자가 갖는 용기와 영민성이 모자랐다는 지적이다.

진정한 유머를 모르는 사람은 아무리 영리하고 야심만만한 사람이었더라도 린위탕에게는 겁쟁이이며 얼간이로 보였을 뿐이다.

진정한 유머는 숭엄한 것이다. 또한 용기 있는 사람, 관대한 인간긍정의 도를 가진 사람이 아니면 누릴 수 없는 경지의 웃음이기도 하다.

인간이 운명과 화해를 할 수 있는 마음의 여유, 죽음에 맞서는 위엄 있는 자의 웃음기, 숭고함과 관대한 긍정이 유머의 근원이다.

실제로 유머는 어디까지나 절망의 희극, 곤궁한 끝에 나타나는 조크로 나타나고 있고 동시에 경고의 수단이나 투쟁의 수단으로 쓰여 대상물을 웃게 만드는 위트의 무기가 되고 있다.

궁지에 몰린 상태에서도 여유를 가지고 웃을 수 있는 사람이 유머가 있는 사람이며, 강한 사람이다. 유머가 있는 사람은 결코 좌절하지 않는다. 희망이 있는 사람은 웃음이 있다. 웃을 수만 있다면 어떤 삶이라도 그리 비극은 아니다. 어려운 삶보다 더 큰 문제는 웃지 못하는 일이다.

"코미디가 뭔 줄 알아? 코미디는 인생살이를 조명하면서 웃음을 끌어내는 연기야. 단순히 웃기는 게 아니라 메시지가 있는 거지."

우리를 웃기고 울렸던 왕년의 희극왕 '구봉서' 씨가 한 말이다.
모두들 역겨워하는 상황, 다들 난감해 하거나 찡그리고 한숨짓는 처지에서 능청맞을 정도로 슬그머니 웃게 하는 유머라야 진짜 유머이다.

맛|있|는|유|머

## 속담의 21C식 버전

- 젊어서 고생, 사서도 한다!
  - 젊어서 고생, 늙어서 신경통이다.
- 고생 끝에 낙이 온다!
  - 고생 끝에 병든다.
- 가는 말이 고와야 오는 말이 곱다.
  - 가는 말이 거칠어야 오는 말이 곱다.
- 천릿길도 한 걸음부터!
  - 1000km도 시동부터 걸고.
- 소문난 잔치에 먹을 것 없더라!
  - 소문난 잔치에 주차할 곳 없더라.
- 닭 잡아먹고 오리발 내민다!
  - 자동차 훔치고 오토바이 바퀴 내민다.
- 아는 길도 물어서 가라!
  - 아는 길은 곧장 가라.

## 02 웃음의 동기를 파악하라

**웃음에는 동기가 있다**

우리의 웃음은 심리상태에 상응하게 얼굴의 근육을 움직여 일정한 표정을 짓는 반응이다.

그렇지만 웃음은 그 심리적 동기나 웃는 정도에 따라, 또한 일부러 웃느냐 그렇지 않느냐에 따라 표정도 그리고 웃음소리도 다르다.

먼저 자극, 그 원인이나 동기에 따라 우리의 웃음을 크게 6가지로 나누어 볼 수 있다.

① 신체적 자극을 받아 웃는 웃음
② 병적인 웃음
③ 기뻐서 웃는 웃음
④ 우스워서 웃는 웃음
⑤ 연기로서의 웃음
⑥ 겸연쩍은 웃음

신체적 자극에 의한 웃음은 간질이는 경우로, 유아기의 어린이들에게서 흔히 볼 수 있다. 어른도 겨드랑이나 발바닥을 간질이면 웃는다.

병적인 웃음은 정신분열증 환자에게서 볼 수 있다. 다른 사람이 이해할 수 없는 헛웃음, 웃을 만한 이유도 없이 나오는 발작성·간질성의 짧은 웃음 따위가 여기에 속한다.

이 두 종류에는 서로의 커뮤니케이션이 없고 단지 신체적 반응으로 웃을 뿐이다.

기쁘다는 감정에 의해 웃는 신체적·정서적 반응으로서의 웃음은 바라던 것이 이루어지면 흡족해서 나오거나 긴장감이 풀어지는 안도의 웃음이다. 시험에 합격하거나 목적이 달성될 때, 그리고 설득이 성공했을 때에 나오는 웃음이다. 또한 칭찬을 들었을 때 저절로 나오는 웃음이다.

우스워서 웃는 웃음은 대체로 남의 결함이나 실수를 보고 웃는 웃음으로서, 약간은 고소해하는 즐거움이나 악의적 쾌감을 표현한다고 볼 수 있다.

유머를 듣고 웃는 것도 이 유형의 웃음에 속한다.

겸연쩍은 웃음은 남 앞에서 실수했을 때 부끄러움을 감추기 위해 내보이는 의식적 또는 무의식적인 반응이다. 실수를 웃음으로 때우는 것이다.

연기로서의 웃음이란, 내심 기쁘지도 우습지도 않지만 다른 사람에게 미소를 보내어 특정의 목적을 달성하려는 전략적 웃음을 가리키는데, 인사할 때의 웃음이 이에 속한다.

우리가 주목하는 웃음은 커뮤니케이션 과정에서 나올 수

있는 웃음이다. 즉 기뻐서 웃는 웃음, 우스워서 웃는 웃음 그리고 연기로서의 웃음이다. 이 웃음들이 상대에게서 나오도록 우리는 유머를 구사해야 한다.

### 웃음도 변화한다

우리의 웃는 표정과 소리를 살펴보자. 이것은 우리가 상대방이 어떤 상태에서 웃는지를 가늠하는 잣대가 된다.

얼마나 웃느냐의 정도에 따라 얼굴의 표정운동이 차차 강해지면, 입이 약간 벌어지고 입가가 바깥쪽으로 당겨지며, 눈이 가늘어지고 어느새 눈가에 주름이 잡힌다.

감정이 더욱 강해지면 가쁜 호흡운동이 웃음에 추가되고, 복근이 단속적으로 경련을 일으켜 짧은 날숨이 계속되면서 웃음소리가 터져 나온다.

이 소리를 하하하, 호호호, 흐흐흐, 헤헤헤, 히히히 따위로 표현하는데, 이러한 단계는 마치 약효가 떨어진 듯한 개방적인 웃음에서 억제된 웃음으로, 또 정서적인 웃음에서 일부러 웃는 작위적인 웃음으로 옮겨가는 양상을 띤다.

개방적이고 활달한 웃음에서는 얼굴이 약간 위로 향하지만, 조심스럽게 웃을 때에는 얼굴이 아래를 향하고 킬킬거리면서 억제하는 소리가 난다.

갑자기 나오는 웃음과 폭소·홍소 등 자연적으로 웃을 때의 웃음은 대체로 좌우 대칭적으로 움직이고, 고소·조소나 아첨하는 웃음 등 작위적으로 웃을 때에는 얼굴이 비대칭적으로 일그러진다.

물론 모든 사람들이 동일한 상황을 똑같이 재미있는 것으로 간주하는 것은 아니지만, 유머를 인식하고 즐길 수 있는 능력은 일반적인 인간의 능력이라고 말할 수 있다.

유머에 감추어진 의미를 모르면 도저히 웃을 수가 없다. 이를 구체적으로 말하면, 우리가 의미를 깨닫고 웃음을 짓는 반응을 보이는 것은 우리에게 언어능력과 동시에 인지능력, 감수성이 있다는 것이다. 그래서 사람에 따라 능력에 차이가 있듯이 유머에 대한 반응에도 차이가 있고, 웃는 정도에도 차이가 있다.

혼자 있으면 잘 웃지 않지만 다른 사람과 함께 있을 때에는 웃음소리가 커지고 주변에 전파되며 상대방에게 보다 어필하는 애교 웃음도 나오고 분위기가 밝아진다. 웃음이 단지 개인적 현상으로 그치지 않고 사회적 현상으로 확대되어 더욱 중요한 역할을 하는 것은 바로 이 때문이다.

인도의 웃음 클럽에서는 웃음을 통해 스트레스와 각종 질병을 치료할 수 있다고 믿고 함께 모여 웃기 연습을 한다.

웃음을 유도하는 이야기를 듣고 배꼽을 잡으며 웃기도 하고, 야외에 나가 원숭이, 소, 말 등 동물의 흉내를 내며 웃기도 한다.

인도 사람들은 하루에 45분 동안만 웃으면 스트레스가 해소된다고 주장한다. 이것은 요가에서 나온 아이디어라고 한다.

웃음은 인류에게 보편적이지만 우습다고 느껴지는 대상이나 상황, 그리고 웃음의 신체적 표현방법은 각 사회의 문화에 따라 다르다.

외국에서 흥행에 성공한 코미디 영화가 우리나라에서 흥행에 실패하는 사례가 많고, 서양인이 혀를 찰 만한 실수를 동양인, 특히 우리 한국인들이 멋쩍어하며 웃음으로 처리할 때가 많다.

서양인은 표정의 변화가 비교적 빠른 반면, 동양인의 웃음은 오래 가지 못한다. 이것을 '동양의 미소'라고 한다.

외국인을 상대할 때에는 이 점에 유의하지 않으면 불필요한 오해를 받을 수 있다.

### 유머에 대한 반응은 각양각색이다

즐거움은 대체로 재미와 기쁨 사이에 있다. 재미가 1단계이고 기쁨이 3단계라면 즐거움은 그 중간 단계이다.

유머에 대한 심리적 경험은 긍정적 경험과 부정적 경험으로 나눌 수 있다. 긍정적 경험으로는 다음과 같은 반응이 나타난다.

재미있다 / 우습다
독특하다 / 신선하다
편안하다 / 친근하다
기억에 남는다 / 인상적이다
기분전환이 된다 / 스트레스가 해소된다

공감이 간다/따뜻하다
즐겁다/유쾌하다

또한 부정적인 경험은 '황당하다/유치하다'로 반응한다.

'이보다 더 허무할 순 없다~' 한때 최불암 시리즈류의 허무 개그가 국내 웃음시장을 평정한 적이 있었다. 무엇인가 대단한 것이 나올 것처럼 한껏 분위기를 띄워놓다 갑작스럽게 바람을 빼는 식의 뒤통수치기로 사람들의 희열을 자극했던 허무 개그는 그 자체의 재미보다 '유머는 엄청 재미있는 것'이라는 고정관념을 깨는데서 오는 카타르시스의 성격이 더 컸다고 할 수 있다.

맛있는유머

## 중고차

맹구가 차를 팔려고 했다. 하지만 25만km나 달린 차라서 사려는 사람이 없었다.
한 친구가 말했다.
"이 자동차 정비소에 전화해봐. 숫자를 5만으로 고쳐줄 거야."
며칠 뒤 친구가 맹구에게 전화를 했다.
"차 팔았니?"
"왜 팔아? 5만km밖에 안 달렸는데?"

## 03
# 유머는 슬기로운 지혜의 표현

**유머는 혈액순환을 잘 시킨다는 의미이다**

유머 감각은 유머를 생각하고 말하는 감각이다. 그러나 유머란 말 자체가 외국어이고 해석도 각각이어서 일단 정리가 필요할 것 같다.

여러 형태의 웃음을 유발시키는 일종의 '자극'이라고 유머를 간단히 정의할 수 있으나, 웃기는 기술을 제대로 발휘하려면 유머를 알아야 한다. 구체적으로 말하면 정확하게 웃음이 어디에 있는가를 알고 서로 영향을 미치기 위하여 유머의 이론도 알아야 한다. 다시 말해서 당신의 유머는 우연히 나오지 않으며 당신의 '지식'에서 나온다.

유머라고 하는 것은 원래 의학적인 개념이다.

신체 안의 액체, 즉 '체액'을 가리키는 라틴어 '후모르'의 복수형을 '후모레스'라고 한다. 이것이 유머의 어원이다.

중세의 의사들은 '체액이 순조롭게 흐르면 인간은 건강하게 살 수 있다.'라고 생각한 모양이다.

어원으로 유추하면 유머는 피를 잘 돌게 하는 것이라는 의미가 숨어 있다.

유머를 하다보면 자연스럽게 주인공인 인물이 등장하게 마련이고 다소의 풍자를 하게 된다. 그래서 이후의 유머는 점차 변해 사회 비판적 성향이나 풍자까지도 포함하게 되면서 어려운 현실요인을 극복하는 슬기로운 삶의 지혜로 자리 잡게 된 것이다.

하지만 현대의 유머는 TV 등 매스 미디어의 시청률 우선주의로 인해 가벼운 말장난 같은 유머들에 의해 점차 그 본래의 의미가 흐려지고 있는 것이 오늘의 현실이다.

영미권에서도 유머는 다의적으로 쓰이고 있고, 그 정의나 종류에 대하여는 학자마다 의견이 약간씩 다르다.

유머는 의도적이든 실수이든 간에 관계없이 결과적으로 남을 웃기거나 즐겁게 해주는 것이라고 정의할 수 있으며, 조크(Jokes)나 위트(Wit) 등 모든 것을 통칭하는 용어이라는 것에 대해 별 이의가 없는 듯하다. 우리나라에서도 유머의 의미는 이렇게 쓰이고 있다.

### 조크와 위트에 대하여

웃음을 유발시키는 측면에서 조크를 좀 더 구체적으로 정의하면, 조크는 우연한 사건·행동·상황 혹은 아이디어의 표현에 있어서 나타나는 특질로서 웃음이나 부조화 혹은 어색함을 유발시키는 것(웃음이나 즐거움)이다.

바꾸어 말하면 일부러 남을 즐겁게 하기 위하여 고안된 말이나 행동을 말하고 그 자체만으로 의미가 있어서 많은 대화에서 자유롭게 이야기될 수 있는 것으로, 우리말로는 '익살'이라고 한다.

넓은 의미의 유머의 한 유형이라 볼 수 있는 '위트'는 웃음을 머금은 지혜이다. 위트는 지적인 언어의 유희로서 무관심하거나 이치에 맞지 않는 사상을 의외인 곳에서 돌발적으로 상호 작용하게 하여 웃음을 유발하는 것이다.

밝게 웃겨주는 거짓, 오히려 마음 편하게 해주는 기발한 속임수의 지혜가 위트이다. 위트에는 어느 정도 '반박' 하는 의미가 개입될 수 있는데 그 정도가 지나치면 웃음 대신 울음이 나온다.

위트는 일부러 남을 즐겁게 하기 위하여 고안된 말이나 행동이라는 점에서는 조크와 같지만, 특수한 대화 상황에서만 나타나는 흐름에 의존한다는 점이 조크와 구별된다.

일반적인 대화의 흐름에서 웃음을 유발하는 유머 감각은 이 위트에 의해 비롯된다. 우리가 말하는 유머 감각은 위트를 의미하는 경향이 짙다.

위트는 커뮤니케이션 과정 중 앞에서 말해 오던 내용이나 주제, 함께 알고 있는 지식, 그 환경 등에 의존한다. 다음의 예에서 보는 것처럼 주어진 상황에서 순발력 있게 기지를 발휘하는 것이다.

아내 : 여보, 당신은 나의 어떤 점이 제일 좋아요? 지성미?
    예쁜 얼굴? 근사한 몸매?
남편 : 아니, 당신의 그 유머 감각.

위트는 대화의 상황에서 특별한 단서가 없이, 때로는 미소를 짓는 것과 같이 두드러지지 않는 방법으로 시작되어서 통속적인 웃음의 패턴인 '의미 없는 흉내내기'나 치기 있는 욕설, 의미 없는 말장난, 유행어, 은어, 우스꽝스러운 추임새, 비명, 반복, 특이한 말투로 나타날 수가 있다.

따라서 조크보다는 알아차릴 수 있는 단서가 미묘하고, 특정한 구조로 '패턴화' 하기도 어렵다.

### 유머와 풍자에 대하여

유머와 풍자의 관계에 대해서도 유머의 한 종류라는 의견도 있고, 유머와 다른 것이라는 의견도 있다.

풍자와 조크의 공통점은 둘 다 직선적이지 않고 '우회적'이라는 데에 있지만 풍자와 조크는 엄격하게 다르다는 의견도 있다.

조크는 인생의 모순과 세상의 비속함을 보고 웃지만 결국에는 인생이란 축복을 의미한다고 생각하며, 냉소적이기보다는 관조적인 태도를 취한다. 반면에 풍자적 태도는 개혁의 의지를 지니고 있는 것이라는 의견도 있다.

풍자와 조크를 구분하는 의견은 문학이나 예술적 차원에서 주장하고 있으나, 일반인의 커뮤니케이션에서 구태여 구분하여 사용할 필요는 없다. 하지만 풍자의 의미나 기법을 알아두면 유머를 더 잘할 수 있음은 분명하다.

풍자(諷刺)란 글자를 그대로 풀이해 보면 '바람결[風]에 실려 오는 말[言]을 찌른다[刺]'는 뜻이다.

사전적으로 보면 '인간과 그들이 만든 여러 제도의 약점을 자각하고 웃음을 통하여 그것들을 분쇄 또는 개선하기 위해 비판하는 것'인데, 한마디로 말해서 잘못된 것을 꼬집는 것이라 할 수 있다.

풍자는 현실에 대한 태도가 부정적이고 비판적인 데서 성립하는 것으로, 유머와 같이 한 단계 높은 위치에서 대상과 대립한다. 또 야유와 조소로서 공격·폭로하는 한편 더 나아가 대상의 부정성의 개혁이라는 교훈적 의미까지 곁들인다.

때에 따라서 풍자는 단순한 웃음의 차원을 넘어 '분개심'을 불러일으키기도 한다.

맛있는유머

## 웃기는 답안

대학 시험에서 한 신입생이 상당한 노력을 들인 끝에 답안지 작성을 마쳤다.
그리고 그 신입생은 답안지 마지막에 다음과 같이 적었다.
"존경하는 교수님, 만약 제 답안들을 신문의 유머난에 파실 거라면 수익금은 저와 50 대 50으로 나누셨으면 합니다."

## 04 유머의 조건

**유머는 예상을 깨뜨리는 것이다**

웃음을 자아내게 하는 유머란 언어뿐만 아니라 얼굴표정, 몸짓 등 다양한 자극을 통해 이루어지는 다소 복잡한 과정으로 일상의 틀에서 벗어난 자극을 주는 것이다.

사람들은 원숭이를 보고 곧잘 웃는다. 그러나 원숭이 자체가 우스운 것이 아니라 인간의 흉내를 내는 모습이 우스운 것이다. 이 역시 인간적인 것에서 웃음이 발생한다는 것을 설명해 준다.

유머에는 반드시 무엇이 우습게 하는가, 또는 어느 경우에 웃게 되는가라는 질문의 대답에 해당하는 '무엇'과 '어느 경우'가 있어야 한다.

즉 웃음이라는 상황이 벌어지려면 두 가지의 일반적인 특징이 있어야 한다.

첫 번째 특성은 웃음의 상황은 보고 듣는 사람들의 심리적 상태의 변화와 연관된다는 것이다. 그러나 단지 어떠한 변화만으로는 웃음이 유발되지 않는다.

유머의 기본은 '기대하지 않은 상황 내지 결과'에서 온다. 즉 정상적인 기대로부터 벗어난 상황 내지 결과에서 온다.

사람들은 어떤 이야기나 말을 들으면 '예언적 추론'을 한다. 이는 어떤 행위의 결과를 미리 예상할 때 하는 추론이다.

예를 들어 20층짜리 건물에서 무엇인가가 떨어졌다는 내용의 이야기를 들은 후에 사람들이 '죽음'이라는 개념을 추론한다. 이러한 추론을 깨는 것이 유머이다.

두 번째 특성은 그러한 심리적 전환을 '유쾌'하게 느껴져야 한다는 것이다.

양복을 말끔하게 차려입은 사람이 바나나 껍질을 밟아 미끄러지면 웃을 수 있다. 즉 주위를 둘러보면서 엉덩이를 문지르며 일어서면 웃을 수 있지만, 넘어진 채로 움직이지 않았으면 웃을 수 없다.

우리가 웃는 것은 무엇인가? '실패'를 했을 때이지만, 웃을 수 있다고 하는 것은 그 실패가 치명적인 것이 아니었기 때문이다. 또 받아들여지지 않는 것은 웃을 수 없기 때문에, 웃을 수 있다는 것은 받아들여지고 있다고 할 수 있다. 즉 웃을 수 있는 것은 '실패했는데 받아들여지고 있다.'라고 하는 것이다. 바꾸어 말하면 '좋아해도 된다.'라고 하는 것이다. 그러니까 웃어도 신경 쓰이지 않는 것이 좋은 것이다.

### 무엇이 우습게 하는가?

유머가 아닌 일반적인 이야기를 들으면 우리는 우습지 않고 그리고 웃어서도 안 된다.

일상적인 이야기와 유머가 다른 점, 즉 유머의 '특성'은 '기대하지 않은 상황(결과)'에서 온다. 그 상황은 구체적으로 무엇인가? 아주 중요한 문제이다.

웃음을 유발하는 유머를 만드는 요인인 '기대 못한 상황'은 크게 '불일치에 의한 것'과 '우월감에 의한 것'으로 나누어 생각할 수 있다.

불일치에 의한 유머는 유머를 듣는 사람이 머릿속에서 생각하고 있던 말과 실제로 나온 말 사이에서의 불일치가 전혀 뜻밖의 것임을 파악했을 때 생겨나는 유머를 말한다.

이런 유머로 빚어지는 웃음은 놀람이나 기대의 어긋남, 긴장과 그 이완에서 비롯된다.

철학자 '칸트'는 무엇인가 중대한 것을 기대하고 긴장해 있을 때 예상 밖의 결과가 나타나서 긴장이 풀리며 우스꽝스럽게 느껴지는 감정의 표현이 웃음이라고 했다.

바에서 한 남자가 천천히 술을 마시고 있었다.

그는 매우 슬퍼보였다. 이유가 궁금해진 바텐더가 "무슨 일 있으세요?"라고 물었다.

그 남자는 "집사람과 좀 다퉜었는데, 그것 때문에 집사람이

한 달 동안 말을 안 하겠다고 했어요. 그런데 그 평화롭던 한 달이 오늘로 끝나거든요."라고 말했다.

쇼펜하우어도 '웃음의 원인은 컨셉트와 실제 사물 사이에서 오는 불일치의 갑작스런 인식에서 오며 웃음은 부조화의 표현으로서 이것을 패러독스'라고 하였는데, 이것은 불일치에 의한 유머를 잘 설명해 주는 말이다. 걱정을 자아내는 상황에서 김빠지게 하거나 상식을 뒤엎는 반전 등의 유머도 이에 속한다.

이에 대해 우월감에 의한 것이란 '유머 속 인물'에 대해 다른 집단이나 사람과 비교해서 상대적으로 자신이 '우월하다'고 느끼는 것이 유머의 요인이 되는 경우를 말한다.

예를 들면, 못생기고 바보 같아 보이는 인물이 아주 소신 있고 똑똑한 척 하는 역할을 볼 때 그 누구도 웃음을 참지 못한다. 유머 속 인물의 어리석은 행동이나 다른 사람의 실패를 보고 웃는 것은 우리 내부에 숨어 있는 우월감의 표시이다.

돈키호테나 도날드덕은 시대적으로 상당히 유머러스한 캐릭터이다. 이들 캐릭터는 매번 얻어터지고 반복적으로 굴욕을 당하고 수치를 당해도 자신이 대단한 줄 착각하고 사는 존재이다. 주제파악을 못한다.

이들의 캐릭터를 더 강조하기 위해 유머 작가는 이 캐릭터 옆에 작고 평범하지만 정상적인 인물을 출현시켜 은근히 대비시킨다.

플라톤은 "웃음이란 질투의 감정에 쾌감이 가미된 것"이라고 하였는데, 풍자나 조소·야유·적대감·인종·지방색 등은 모두 이런 요소를 가지고 있다.

### 유머의 세계

남을 웃게 하기 위해 의도적으로 만든 일정한 구조를 갖춘 이야기인 유머는 당연히 유머의 특성과 밀접한 관련이 있다.

왜냐하면 유머 내용은 유머를 담고 있는 그릇의 역할을 하고, 따라서 유머가 가지고 있는 특성이 유머 내용의 기본적인 토대가 되기 때문이다.

사실 우월감이나 부조화 같은 감정들은 유머의 등장인물들이 느끼는 감정이 아니라, 현실세계에서 유머를 듣는 사람이 등장인물들의 경험을 공유하면서 느끼는 감정이다. 그런 감정을 갖게 하는 것이 유머라는 사실을 우리는 알아야 한다.

유머의 본질은 예상을 반전시켜 부조리를 깨닫게 함으로써 웃음을 만들어내는 데 있다. 이를 다른 각도에서 유형화하면 다음과 같다.

① 기대의 배반
② 모순의 재발견
③ 오해했다는 자각
④ 괴리와 부조화

따라서 유머의 내용에는 불균형을 유발하는 열등한 인물의 행위 혹은 정서적인 긴장이나 합리적 기대에서 벗어나는 엉뚱한 일 등이 있게 마련이다.

유머의 세계, 즉 유머는 대개 그야말로 엉뚱한 이야기를 담은 내용이 많다. 현실에는 전혀 있을 수 없는 이야기들이다. 유머는 '우화'라고도 한다.

동화 같은 분위기가 있으면서 그 어처구니없는 과장에 웃음을 일으키게 하는 이야기들이다. 유머의 내용에는 허구인 것과 허구가 아닌 것이 있다.

유머 소재 중에 가장 많은 부분을 차지하는 것이 바보들의 이야기이다. 이 밖에도 무지에서 오는 실수, 실언으로 망신당하는 것 등 사오정류의 이야기가 주를 이루고 있다.

대개 유머 속의 캐릭터는 괴로워해야 한다. 매우 주관적이고, 신빙성도 없는 사건에 인물은 구체적이면서 개성적이어야 한다. 외모와 행동에 있어서 마치 바보인 것처럼 행동을 과장해야 한다.

정직한 사람의 성공을 흉내내다가 실패한 경우도 있는데, 대표적인 모델이 '흥부와 놀부'와 같은 유형의 이야기이다.

바보들의 이야기 다음으로 많은 유형이 거짓말이나 슬기로 상대방을 속이고 의도했던 바를 성취하는 유머일 것이다. 바보들의 이야기를 소재로 한 유머와는 달리 어떤 내기나 시합에서 지혜로 승리를 쟁취하는 비교적 교훈적인 유머도 있다.

유머 내용에도 허구가 아닌 것이 있다. 바로 실수담이 대표적인 예이다. 아주 박식하고 똑똑하며 높은 위치에 있는 저명 인사가 망신을 당하거나 실수를 할 때 우리는 웃는다.

예를 들어 최첨단 컴퓨터 회사 사장인 '빌 게이츠'가 발표 회장에서 작동되지 않는 컴퓨터 때문에 망신을 당할 때 사람들은 웃게 된다.

맛 있 는 유 머

## 집념의 영업사원

회사 중역이 자기 사무실까지 들어오는데 성공한 영업사원을 칭찬하며 말했다.
"여기까지 온 걸 보면 당신은 참 대단한 설득력을 가졌군요. 내 비서는 오늘만 열다섯명의 영업사원을 쫓아냈거든요."
그러자 영업사원이 이렇게 말했다.
"알고 있습니다. 그 열다섯 명이 모두 저였거든요."

**The Art of Humorous Conversation**

제3장 》》 **유머 감각을 기르자**

(:

1 유머 감각을 키우려면?
2 즐겁게 사는 '나' 만들기
3 유머 마인드를 가져라
4 발상력의 원리
5 연상을 습관화 하라

해는 누구에게나 따뜻한 빛을 준다.
웃는 얼굴도 햇볕과 같이 친근감을 준다.
인생을 즐겁게 지내려면 찡그린 얼굴을 하지말고 웃어야 한다.
- 찰즈 슈워프(독일의 철학자) -

## 01 유머 감각을 키우려면?

**유머의 프로세스**

좀 주의 깊게 살펴본다면 웃음의 세계는 광대하다. 그것은 TV 화면과 같은 미디어에만 있는 것이 아니라 잘 생각해보면 일상생활 안에 있다.

평상시 우리는 주위 사람과 아무렇지도 않게 대화를 주고받지만, 거기서 문득 '상대를 기쁘게 해야지' 하는 의도로 가벼운 유머를 한다. 그런 정도의 가벼운 이야기가 웃음을 이끌어내는 원동력이 된다.

흔히들 유머를 잘하려면 유머 감각을 가져야 한다고 말한다. 말 그대로 유머 감각은 유머를 이해하고 표현하는 능력이다. 그럼 유머 감각이 있는 사람이란 대체 어떤 사람일까?

단순하게 유머 감각이라고 하지만, 그것은 그 사람의 성격이나 가치관과도 크게 관련 있다.

개인차가 있는 이상, 모든 사람에게 들어맞는 것은 아니지만 유머 감각이 있는 사람들에게서는 기본적인 성격이나 가치관에서 많은 공통점을 찾아볼 수가 있다.

'장난기와 뛰어난 언어 구사력', '색다른 관찰로 사물의 속성을 간파하는 통찰력', '상상을 부풀려 재미있는 상황을 만드는 상상력' 등이다. 또한 유머 감각이 있는 사람은 순수하고 낙천적인 마음을 가진 사람이라고 할 수 있다.

보다 구체적으로 유머 감각을 말하면 아이디어, 상황, 우연한 사건 또는 행동에서 우스움이나 부조화적인 요소를 발견하고 이를 적절하게 표현하거나 평가하는 정신적인 능력이라고 할 수 있다. 즉 세상을 바라보는 예리한 눈과 유머를 할 타이밍을 포착하는 순발력, 그리고 촌철살인의 표현능력과 유머를 이해하는 능력이라 할 수 있다.

사실, 유머를 이해하는 능력은 개인에 따라 차이는 있겠지만 누구나 갖고 있기 때문에 큰 문제가 아니다. 문제는 유머를 표현할 수 있는 능력이다.

웃음을 일으키는 유머의 '홍미소'는 작은 음절에서부터 단어, 어구, 어절, 욕설, 은어, 유행어, 하나의 큰 서술에 이르기까지 다양한 형태를 띠므로 이를 적절히 구사할 줄 알아야 한다.

유머 감각을 이렇게 설명하면 도대체 무슨 이야기인지 이해가 잘 안 될 것이다. 오히려 유머가 나오기까지의 정신적 작용을 이해한다면 유머 감각을 좀 더 이해하기가 쉬울 것이다.

웃음을 웃게 하는 유머가 나오기까지는 다음과 같은 정신적 단계를 거치게 된다.

〔지식〕 모든 기본. 수시로 이 기억이 참조됨
   ↓
〔발상〕 여러 가지 키워드, 이미지를 발상 · 연상함
   ↓
〔스핀〕 발상한 것을 가공함. 가공이 끝난 것은 재미가 있을까
       를 판단해 이 단계에서 취사 선택함
   ↓
〔표현〕 이야기의 골격이 대충 갖추어지면 필요에 따라 연기 ·
       움직임을 더해 표현함

따라서 유머를 잘하려면 지식을 갖고 발상해서 스핀을 거는 3가지 센스를 갖추어야 하고 표현해야 한다.

유머는 머리로부터 입으로 이어지는 기술의 레벨이다. 유머 감각을 갖추려면 남을 웃기기 이전에 우선 남의 유머를 듣고 즐겁게 웃을 수 있어야 한다. 재미가 좀 없더라도 호응하는 자세가 중요하다.

### 유머를 잘하려면 좀 망가져야 한다

TV 개그 프로에서 개그맨들을 보면 별의별 행동을 통해서 시청자를 웃긴다.

어느 글에서 개그맨을 다음과 같이 평가하고 있다.

개그맨은 어쩌면 사람을 정화하기 위해 고통의 짐을 지는 영웅 같다. 그들은 우리를 웃기기 위해 기꺼이 바보가 되고 백치가 된다.

그들은 우리를 눈물나도록 웃게 하기 위해 다른 사람의 엉덩이를 차기보다는 차이고, 몽둥이로 때리기보다는 얻어맞고, 케이크를 던지기보다는 뒤집어 써야 한다.

개그맨, 그들이 사랑받는 것은 단지 그들이 우리를 웃기기 때문만은 아니다. 사랑받기 위해 그들이 몸을 내던지며 우리를 웃기기 때문인지 모른다.

여러분이 유머를 하려면 어느 정도는 망가져야 한다. 개그맨 만큼은 아니더라도 말이다. 그래야 유머 감각이 작동될 수 있다. 근엄한 체 하면 체면 유지에만 급급해서 어떤 발상도 떠오르지 않을 뿐만 아니라 입도 떨어지지 않는다.

### 유머는 파격이다

평소에는 입에 담지 못할 유치한 말들을 가득 늘어놓기도 하고, 부끄럽다는 생각을 무릅쓰고 엽기 산타나 삐에로가 되어 보라. 상대는 눈물을 찔끔 흘리면서 포복 절도할 것이다.

자기를 낮추는 유머를 가끔 사용하는 것은 누구에게나 환심을 살 수 있는 놀라운 방법 중의 하나이다.

인간은 누구나 훌륭한 능력의 무한한 잠재성을 가진 존재이다. 그러나 대부분의 사람은 그것을 발휘하지 못하고 잠자는 거인으로 살아가고 있다.

　인생을 살아가는 데 있어서도 자신 안의 잠재적 능력을 개발하는 것은 매우 중요하다.

　아무리 훌륭한 지식인이나 정치인, 경제인일지라도 유머 감각이 없으면 너무 딱딱해 보이고 여유와 행복이 없어 보인다.

맛 있 는 유 머

## 훌륭한 장모님

아내 : 어머니의 충고대로 당신과 결혼하지 말았어야 했는데….
남편 : 장모님이 우리 결혼을 반대하셨단 말이야?
아내 : 그럼. 결사적으로 반대하셨지.
남편 : 오! 맙소사. 장모님이 그렇게 훌륭한 분인 것을 미처 모르고 있었다니!

## 02 즐겁게 사는 '나' 만들기

**자신부터 웃는 사람이 되자**

남을 잘 웃기기 위해서는 자신부터 잘 웃는 사람이 되어야 한다. 웃음은 마음속의 기쁨이 얼굴에 순간적으로 표현되는 것이다.

생각이 얼굴에 그대로 표현되는 것이다. 웃는 것은 돈도 들지 않고, 품도 들지 않는다.

"웃음이라는 단어에서 무엇을 연상하는가? 나는 '여유'라는 말을 떠올린다. 자신의 삶을 한 호흡 가다듬고 다시 보려면 여유가 필요하다. 그런 의미에서 웃음 또는 유머를 나는 '여유의 전략'이라고 말한다. 웃음은 사색의 기회를 주는 묘약이기 때문이다. 여러분에게도 마음이 급해지려 할 때 한 번 미소를 지어 보라고 권하고 싶다."

위의 말은 프랑스 철학자 '피에르 쌍소'의 이른바 '느림의 철학' 중에 있다.

우리는 웃으면서 결코 슬픈 생각을 할 수 없다. 웃음은 우리의 부정적인 생각을 단호하게 차단시킨다.

웃고 산다는 일은 쉬울 것 같지만 한편으로는 정말 어려운 일이다. 때문에 항상 웃고 지낼 수 있도록 노력해야 한다.

적어도 웃는 순간만은 진지한 일상생활에서 벗어난 찰나 '휴가'와 같다. 우리들이 이런 순간에 몇 분, 몇 시간 머물 수 있다면 그것은 완전한 행복이다.

웃음은 긍정적이며, 무언가 진지한 것으로부터의 해방이며, 우리를 만족시켜 준다는 의미에서 보아 정신건강상 그 효과가 매우 크다.

어느 날 한 할머니가 목에 틀니가 걸렸다며 병원을 찾아가 고통을 호소했다. 의사가 응급조치를 한 후 간신히 틀니를 빼내 제자리에 끼우려고 시도했지만 규격이 맞지 않았다. 이상하게 생각하고 있는 의사에게 함께 온 할아버지가 부끄러운 표정으로 말했다. "그건 내 틀니인데요."

최근 '일본웃음학회'가 발표한 유머 사례 중 하나다.

일본 오사카에 본부를 두고 있는 이 학회는 지난 1994년 일본어로 '웃는 날(나꾸히)'이란 뜻을 지닌 날인 7월 9일에 발족되었다고 한다. 현재 일본 전역에 13개 지부를 두고 있으며 회원 수는 1천여 명에 달한다.

웃음이 우리의 건강과 생활에 미치는 영향을 주요 연구 과제로 삼고 있는 이 학회는 회원의 30% 정도가 의사, 간호사

등 의료인으로 구성되어 있다.

이 학회는 웃음이 우리 인체의 혈당치를 내려주고, 통증을 줄여주며, 병에 대한 면역력도 높여준다는 연구 결과를 자신감 있게 내놓고 있다.

우리는 행복해서 웃는 것이 아니다. 스스로 웃음으로써 우리가 보다 건강하고 행복해질 수 있는 것이다.

### 항상 즐거운 마음을 갖는 방법

사람들은 행복하기를 원하는데 왜 불행한가?

그것은 행복하기를 원하지만 실제로는 불행하게 살기 때문이다. 항상 즐겁게 산다는 것은 부정적인 생각으로부터 자유로울 때만 가능하다.

사람들은 하루에 5만 가지 이상의 생각을 하면서 살아가는데, 우리의 생각 중에서 75%는 부정적으로 흐른다고 한다. 이러한 생각을 차단할 수 있다면 우리는 최소한 우울해지거나 부정적인 스트레스 상황에서 벗어날 수 있다.

지나친 감정의 억제나 고립은 심리적으로나 육체적으로 도움을 주지 않는다. 적절한 감정표출은 정신건강에도 좋다.

사람의 몸은 잦은 긴장으로 뻣뻣해진다. 신체의 긴장을 풀어주는 것은 감정의 긴장을 풀어주는 과정의 시작이다.

다음과 같이 하면 언제, 어디서든지, 어떠한 상황에서도 자신의 감정을 통제하며 기분 전환을 할 수 있다. 그렇게 되면 당신은 놀라울 정도로 편안해질 것이다.

1. 조용히 눈을 감고 최고로 자신의 행복했던 순간을 연상하라! 그리고 나서 인류의 정신적 스승인 '달라이 라마'가 말했듯이 인생을 살아간다는 것은 '행복을 추구하기 위한 것'임을 상기하라!

2. 입을 최대한 옆으로 벌려 웃는 얼굴을 만들어라. 그리고 "기분 좋아, 기분 좋아."라고 반복해서 말해 보라. 실제로 기분이 좋아지고 혈관에 생기가 돌 것 같은 느낌이 들 것이다.

3. 이젠 그 상태에서 조용히 길게 "하." 하면서 숨을 내쉬며 심호흡하라. 서서히 입을 벌리면서 더 이상 숨을 쉴 수 없을 때까지 계속하라. 당신의 마음이 평안해지는 것을 느낄 것이다.

4. 크게 소리를 내며 웃어라. 최소한 15초 정도는 크게 웃어라. 웃음은 최고의 긍정과 즐거움의 언어이다. 스트레스가 가장 무서워하는 것 또한 웃음이다.

5. 하루에 최소한 3번은 이렇게 하라. 하지만 더 중요한 것은 웃음이 달리기나 테니스 같이 운동이라는 사실을 인지하는 것이 중요하다. 웃는 당신에게 인생의 기쁨과 함께 건강도 덤으로 더해질 것이다.

대부분 사람들이 "웃을 일이 없어서."라고 대답한다. 웃을 일이 없어도 웃으려고 노력해 보자. 웃음에도 이른바 '나비

효과' 가 있다.

### 삶의 의지를 활활 불태우자

 웃을 일이 없을 때라도 애써 즐거운 마음을 가지고 웃으면 그 웃음으로 인해 또 다른 웃음이 생겨난다. 웃음이 바이러스처럼 전염되어 여러 사람을 웃게 만들고 마침내 한 번의 웃음이 우리 사회를 웃음의 물결로 요동치게 만들 것이다.

맛 있 는 유 머

## 의사의 항변

어떤 사람이 몸이 불편해 의사를 찾아갔다.
"담배를 많이 태우십니까?"
"아뇨."
"술을 많이 하십니까?"
"아뇨."
"밤 늦게까지 밖에서 시간을 보내세요?"
"아뇨."
의사가 고개를 저으면서 따졌다.
"아니 삼가야 할 것이라고는 아무것도 없는데 나더러 어떻게 병을 고쳐달라는 겁니까?"

## 03 유머 마인드를 가져라

**유머를 챙겨보고 익숙해지자**

유머 감각이란 타고나기도 하지만 만들어지기도 한다. 유머의 필요성을 인식하고 스스로 애쓰는 사람만이 유머 감각을 갖출 수 있다.

앞에서도 잠시 언급한 바와 같이 유머를 듣고 이해하는 것도 중요하지만 어떻게 표현하느냐 하는 것이 사실 더 큰 어려움이다.

법과대학에서는 신입생들에게 리걸 마인드(법정신)을 갖추라고 하며 모든 용어를 법률용어로 바꾸어 말하라고 가르친다고 한다. 그래야 실력이 는다는 것이다. 유머도 이런 훈련이 필요하다.

유머 감각을 몸에 익히려면 다음과 같은 10단계를 '생활화' 해야 할 것이다.

## 유머 감각을 몸에 익히는 10단계

1. 자꾸 웃어라.
2. 무슨 말이든지 재미있게 비틀어라.
3. 당신이 웃을 때를 기록하라. 그리고 평가하라. 무엇이 당신을 웃게 만들었는가, 누가 당신을 웃겼는가, 얼마만큼 당신이 웃었는가를 말이다.
4. 무엇이 아이들을 웃게 만드는지를 지켜 보아라. 당신의 웃음 재료를 보아라. 그 재료로 함께 웃어라. 그들을 위해 웃어라.
5. 당신을 웃게 만드는 사람들을 항상 가까이 하라. 다른 사람들이 웃거나 미소짓도록 도와주는 일에 착수하라.
6. 종종 당신 자신에 대해 웃어라. 정말로 우리 모두가 하는 어리석은 일을 보아라. 인생은 이야기의 축적이다. 그 중에 가장 좋은 이야기는 언제나 재미있다.
7. 긴급용 카드를 만들어라. 어릿광대의 가면이나 탈 등 카드를 준비하고 주위에 가까이 두자. 그리고 그것을 적절하게 사용하라.
8. 웃음 클럽을 시작하라.
9. 재미있는 책을 읽고 재미있는 영화를 보러 가라.
10. 위의 1부터 10까지를 늘 반복해서 하라.

유머 감각 익히기는 하루아침에 되는 것이 아니다. 틈틈이 책과 자료를 통해 유머 소재를 찾고 메모하는 습관을 길러야 한다.

'재미있는 얘기로군, 기억해둬야지', '이런 얘기를 들려주면 사람들이 웃을까', '이 내용은 어떻게 표현해야 좋을까' 하는 식으로 평소 유머에 대해 적극적이고 긍정적으로 반응하며 실천하는 태도를 몸에 배게 해야 한다.

외교통상부는 해마다 외무고시에 합격해 연수 중인 예비 외교관에게 영어 유머집을 한 권씩 지급한다고 한다. '말(言)'로 상대를 설득해야 하는 외교관에게 촌철살인의 유머 한마디가 백 마디의 열변보다 효과적일 때가 있기 때문이다.

하루 종일 일은 제쳐두고 유머만 찾아 헤매라는 얘기가 아니다. 화장실에서 신문을 볼 때, 점심식사를 할 때, 출퇴근길에 잠깐씩 생각에 빠져보는 것만으로도 충분히 유머의 소재를 찾을 수 있다.

'2004 한국광고대회'에서 대통령 표창을 수상한 남양유업 '성장경' 상무는 국내 홍보업계의 대표적인 '마당발'로 통한다.

성장경 상무의 탁월한 유머 감각도 지인들 사이에서는 명성이 자자하다. 그의 메모 노트에는 각종 유머 130여 개가 적혀 있다고 한다. 어떤 사람은 회식자리에서 성장경 상무로부터 전해들은 유머가 떠오르지 않아 밤늦게 전화를 걸어 이야기의 줄거리를 다시 묻는가 하면, 그가 부장 시절 모시던 임원은 주말 모임에 나가기 전 "유머 한 두 편을 메모해 주게."라는 부탁을 하기도 했다고 한다.

요즘 그는 남양유업 인터넷 홈페이지 '남양아이(www.namyangi.com)'에 '금강도사'라는 필명으로 유머를 연재하고 있다.

스스로를 재미있는 사람이라고 생각하는 사람은 많지 않다. 하지만 유머를 챙기는 조그마한 노력만 기울인다면 재미있는 사람이 될 수 있다.

시류에 따라 웃음 소재가 바뀌는 것은 당연한 일이다. 우물 안 개구리처럼 자신이 알고 있는 지식만 껴안고 있다면 남의 유머를 알아들을 수도, 자신의 유머를 창조할 수도 없다.

일주일에 한 개도 좋고 한 달에 한 개의 유머도 좋다. 외워 보자. 당신을 웃기는 유머라면 모두를 웃길 수 있다. 자신감이 붙는다면 이미 유머 감각이 늘어났다는 증거다.

### 폭넓은 분야에 흥미를 가져라

일반적으로 사람을 웃길 수 있는 기회의 대부분은 잡담 내지 대화의 한중간이다. 당신이 유머를 잘하려는 목적은 무엇인가? 대화를 잘하려고 하는 것이 아닌가?

유머스러운 이야기만 챙겨본다고 대화 중에 반드시 유머를 잘하는 것은 아니다.

관심분야가 다양하고 지식이 풍부한 사람일수록, 즉 아는 게 많아야 커뮤니케이션에서 보다 효과적으로 유머를 구사할 수 있다.

일반적으로 대화 중 '언제 어떤 화제가 나올까'는, 항상 모르는 상태이다.

연극에는 사전에 대화의 흐름이 결정되어 있는 대본이 있지만(머릿속의 가공의 대본도 포함함), 불행(?)하게도 우리가 하고 있는 일상 대화는 항상 '애드립'으로 진행하는 것이다. 그리고 그 내용도 통상적으로 '견문한 것을 이야기한다', '경험한 사건을 이야기한다'는 것으로부터 발전해 나가는 경우가 매우 많다.

지식이나 정보가 많으면, 그만큼 선택이나 활용의 폭도 늘어난다. 그러면, 이야기의 범위를 넓히는 일도 쉬워져 지루하고 단순한 이야기에 국한되지 않아도 된다.

화제가 빈곤할 경우, 대화 중에 이야기의 사이에 침묵이 있어 흐름을 잘라버리지만, 반대로 화제가 풍부할 경우 대화는 '시공간'을 뛰어넘고 그만큼 상대와의 공감의 공약수도 많아진다.

그 때문에 화제나 대화의 상황도 다양해 어떤 때라도 재미있는 일을 말할 수 있게 되려면, 박학다식한 것이 좋다고 말할 수 있다.

목수가 아무리 뛰어난 기술을 가지고 있어도 기둥이 되는 재료가 적으면 만들 수 있는 건물도 제한되듯이, '아무리 유머 감각이 있는 사람이라도, 화제를 풍부하게 가지고 있지 않으면 사람을 웃기는 상황도 그만큼 제한된다'는 사실을 명심하라.

　매스 미디어, 유행, 취미, 시사, 학문, 스포츠 등 어떤 지식이라도 괜찮다. 많은 이야기 재료를 가지고 있으면, 새로운 사람과 만날 때마다 다양하게 사용할 수 있다.

　때로는 대화 중에 전문적인 이야기가 나오는 경우도 있을 것이다. 하지만 어떤 지식이라도 재미있는 이야기에 응용하는 것은 가능하다.

　대화의 출발은 자신이 좋아하는 일, 흥미가 있는 것으로부터 시작되기 때문에 사소한 것도 이야기의 재료가 된다고 생각하며 뭐든지 기억하는 버릇을 가지자. 잘못하면 잊을 수 있다는 것을 염두에 두고 간단하게 메모를 해두는 것도 좋다.

　또한 세상의 흐름을 민감하게 관찰해 새로운 화제를 지속적으로 흡수해가는 일도 중요하다. 거기에 익숙해지면, '지금까지 몰랐던 것', '관심이 없었던 것'에도 도전해 폭넓은 지식을 쌓아가는 것도 이상적인 방법이다.

맛|있|는|유|머

## 신사와 숙녀

한 부인이 버스를 타고 있었다. 청년이 버스 안으로 들어가다가 실수로 그 부인의 옷을 밟고 말았다.
부인은 청년에게 10분 동안이나 잔소리를 해 대다 "당신이 신사라면 사과했을 거예요."라고 말을 맺었다.
그러자 청년은 "아주머니가 숙녀라면 제게 말할 기회를 줬을 겁니다."라고 대꾸했다.

# 04 발상력의 원리

### 발상의 속도를 높이자

지금까지 어느 정도 유머에 대해 알게 되었을 것이다. 여기서는 유머 감각을 좀 더 고도화시켜 보기로 한다. 뛰어난 유머 감각을 발휘하려면 어떻게 해야 할까?

유머 감각 중에서 발상력(연상도 포함)은 가장 소중한 능력이라고 해도 과언은 아닐 것이다. 유머에 대한 지식을 아무리 쌓아도, 그것을 화제에 연결해 '순간'에 활용하지 못하면 의미가 없기 때문이다. 즉 '얼마나 재미있는 발상을 해 재미있게 말할 수 있을까?'가 가장 중요한 과제라고 할 수 있다.

저명한 심리학자이자 행복 컨설턴트인 '리치드 칼슨' 박사는 '유머 감각이란 일상 속에서 번뜩이는 재치와 말 한 마디로 당신의 삶을 바꿀 수 있는 보물'이라고 가르친다.

발상력은 반드시 유머에만 필요한 것이 아니며 모든 커뮤니케이션에서 상대와 효과적으로 대응하기 위해서도 필요한 것이다.

 발상력이 뛰어난 사람이 이야기를 하면, 샘에서 샘물이 솟구치듯 끊임없이 화제가 이어져 이야기가 중단되는 일이 없다. 그것은 하나의 화제로부터 발상이 비약해 완전히 별개의 화제에까지도 계속해서 연결되기 때문이다.

 그런 사람은 보통 사람에게는 나오지 않는 발상을 한다. 확실히 아이디어 맨의 발상이라고 할 수 있을 것이다.

 지식을 사전에 비유한다면, 발상력은 사전에서 특정의 단어나 관련 어구를 재빠르게 찾아 표현하는 능력이라고 할 수 있다. 일반적으로 발상의 속도라고도 한다.

 특히 비교적 자유스러운 대화에서는 시시각각으로 화제가 변하기 때문에 적절한 시기에 조크나 위트를 말할 수 있는 스피드가 필요하다.

 화제가 바뀌어 주위 사람들은 벌써 다른 이야기를 하고 있는데, 나만 한 박자 늦으면 아무리 재미있는 것이라도 효과를 발휘할 수 없다.

 그러나 빠른 발상에는 아무 문제도 없다. 아니, 오히려 빠르면 빠를수록 좋다. 어떤 말이 나왔을 때에 거기로부터 얼마나 빨리 발상을 해 그것을 바탕으로 '반격' 할 수가 있을까가 중요한 것이다.

 뛰어난 사회자는 관객으로부터 받은 말에 대해서 재치있게 대답한다. 이것이 지체되면 재미가 없다. 때문에 발상의 속도가 매우 중요하다.

 유머는 번뜩이는 아이디어로 이끌어내는 엉뚱한 반전이

묘미다. 번뜩이는 아이디어를 끌어내는 것이 바로 발상력이다.

### 일상적인 것을 관찰하라

번뜩이는 아이디어는 어떻게 해야 나올까?

상대는 말을 통해 수많은 정보를 제공한다. 당신이 그 정보들을 흡수하려면, 가능한 세세한 부분까지 듣고 보아야 한다.

또한 우리 주위에는 많은 사물들이 있고 모두 나름대로 특징을 갖고 있다.

통찰이란 '예리한 관찰력'으로 사물을 꿰뚫어 보는 능력을 말하는데, 이것을 일반적으로는 '통찰력'이라고 한다. 통찰력이 우수하면 많은 장면에서 아이디어가 나오고 또한 '쉽게' 웃음을 유발해 내는 것이 가능하게 된다.

특히 일상대화에서는 친밀한 것이나 체험에서 웃음이 일어나는 경우가 대부분이기 때문이다.

실제로 일상생활에서 관찰되는 사람들의 습관, 사고방식 내지는 생활양식 등이 새롭게 재조명될 때 유머를 유발하는 경우가 많다.

TV의 인기 개그 프로그램에 나가고 있는 모 유머 작가는 "비현실적인 요소나 지나치게 몸을 많이 쓰는 개그는 배제하고 있다."며 "인간적이고 생활 속에서 찾을 수 있는 소재를 다루기 위해 애쓰고 있다."고 한다. 유머의 소재는 굳이 멀리서 찾을 필요는 없다.

웃음을 찾아내는 방법 중에 사물의 알기 쉬운 특징을 코믹하게 말하는 방법이 있다.
유머는 이해하기 쉬울 때 재미있다고 느끼는 것이므로, 기본적으로는 많은 사람이 알고 있으나, 그래서 평상시는 그다지 신경 쓰지 않는 것을 새로운 발상으로 말하는 것이 효과적이다.
통찰력으로 웃음을 잡으려면 평범한 가운데 '모두가 의식하지 않는 곳'에 주목하라. 이것이 번뜩이는 아이디어를 이끌어내는 발상의 시작이다.

### 고정관념의 역활용

위대한 과학자인 아인슈타인은 자신의 창의적인 발상은 유머에서 나온다고 했다.
유머 감각의 기본은 발상력이다. 그럼 발상력이 있는 사람이 되려면 어떻게 해야 할까?
아이와 같은 호기심을 갖고 유머에 대한 관심과 열정으로 정보를 수집하여 유머 컨셉으로 묶을 수 있는 능력을 배양해야 한다.

MBC TV의 '전파견문록'이란 프로그램에서는 7~8세 가량의 어린이에게 단어를 보여준 뒤 그 단어에 대한 자신의 생각을 말하게 한다. 어린이들이 말하는 단어를 패널들이 알아맞히는 코너가 있다. 그런데 어린이들의 발상이 너무나 자유롭고 엉뚱해 방청객과 패널이 폭소를 터뜨린다.

한 어린이는 "공부를 안 하면 이게 싫어요."라고 설명했는데, 어른들은 맨 먼저 '시험'을 떠올렸다. 하지만 어린이는 '내일'을 두고 한 말이었다. 아직 습관적인 사고에 물들지 않은 천진난만한 표현이다.

이렇듯 고정관념을 벗어나는 것은 전혀 새로운 발상을 가능케 한다. 아이는 사물을 특정 테두리에 묶어서 생각하지 않는다. 어른들이 상상도 할 수 없는 엉뚱한 발상을 종종 하게 된다. 아이처럼 새로운 발상에 눈을 뜨면 그 발상을 기초로 하여 사람들을 즐겁게 할 수가 있다.

아무래도 사람은 지식을 흡수하면 할수록 사물을 테두리에 묶는다. 만일 '의자'를 보면, '의자다'라고, 본인이 가지고 있는 지식의 틀과 가치기준으로 생각하게 된다.

그러나 그것은 정말로 의자일까? 실은, 의자의 형태를 한 비행기로 하늘을 날지도 모른다. 만화에서 나오는 '나르는 양탄자'를 연상해보라.

길이 30cm의 쇠막대 같은 것을 보았다고 하자. 이때 '쇳덩어리다. 무겁겠다. 딱딱하겠다.'라고 머릿속에서 결정하지 않을까? 만일 단순하게 생각한다면, 그것은 고정관념에 얽매이고 있다는 증거이다.

그것은 철봉일지도 모르지만, 실은 '금속색을 칠한 단순한 플라스틱' 일지도 모른다. 아니, 그뿐만 아니라 '곰팡이가 나서 회색이 된 긴 소시지' 일지도 모른다.

무엇인가 1개의 물건이 있으면, 그것을 완전히 별개의 물건과 묶고 생각해 보는 것이 중요하다. 바라보는 각도에 따라 동전의 모양도 다양하게 보인다.

다르게 보면 다른 것이 보인다. 다르게 생각할 때 다른 걸 생각해 낼 수 있다. "다른 쪽에서 보면 어떻게 보일까?" 이런 자문(自問)이 새로운 것을 보여준다.

**여러 각도에서 생각하라**

창의력은 정보나 지식을 독특한 방법으로 조합하여 독특한 아이디어를 생각해 내는 능력을 뜻한다.

세종대왕, 서태지, 아인슈타인 등 상식을 뛰어넘는 창의적 발상을 통하여 커다란 성과를 냈던 인물들을 우리는 어렵지 않게 찾아볼 수 있다.

창의력에 대한 지금까지의 연구 결과를 보면 지능, 다면적 사고, 연상과 유추 능력, 그리고 비유나 상상을 활용할 줄 아는 능력과 관계가 깊은 것으로 나타났다.

그렇다면 머리가 좋은 사람만이 창의력이 있고 유머 감각이 있는 것일까?

한마디로 답하면 '그렇지는 않다.' 이다.

흔히 지능과 창의력을 동일시하는 경우가 있으나, 지능이 높다고 해서 반드시 창의력이 높은 것은 아니다.

예컨대 지능은 주어진 문제에 대하여 주어진 해답을 찾는 데 유효하나, 창의력은 문제를 새롭게 인식하고 다양한 해답을 고안해내는 데 활용된다.

창의적인 것은 상식 수준에서는 비논리적인 것처럼 보일 수도 있다.

창의력을 방해하는 요인들은 여러 가지가 있지만 유머 감각과 관련된 요인을 제시하면 다음과 같다.

① 항상 논리적이려고 노력하는 자세
② 애매하고 모호한 상황을 피하려는 자세
③ 실패할 것을 두려워하는 자세
④ 궁금증과 호기심이 없는 자세
⑤ 새로운 것에 무관심한 자세
⑥ 바보처럼 보이는 것을 싫어하는 자세
⑦ 자신이 창의력이 없다고 믿는 자세

발상력을 기르는 방법

이것은 며칠 사이로 습관이 되는 것은 아니지만, 발상력을 기르기 위해서는 우선 다양한 정보와 지식을 흡수하는 것으로부터 시작해야 한다.

사실 지식과 발상은 별개의 관계에 있는 것은 아니고, 항상 결합되고 있는 것이다. 양자에게 어떠한 관계가 있는지, 간단하게 설명하자면 지식이 증가하면 사물을 항상 넓은 시야에서 보는 것이 가능하게 된다. 그러자면 평상시에는 상상도 할 수 없는 사물의 뒤편이 보이게 된다.

예를 들어보자.
식사 중에 아이가 식기를 떨어뜨린 상황이라고 하자. 단순한 발상으로 생각하면 아이를 꾸짖을 것이다. 그러나 아이의 입장에서 생각해 보면 다양한 추리를 할 수 있다.
- 아이의 손이 젖어 있어 미끄러지기 쉬웠다.
- 식기가 젖어 있어 미끄러지기 쉬웠다.
- 아이에게 사전에 주의를 주지 못했다.
- 작은 아이에게는 그 식기는 너무 컸다.
- 만일 그렇다고 하면, 거기까지 생각하고 있지 않았던 자신의 실수도 있는 것이다.

이와 같이 상황을 깊이 다각도로 들여다보면 하나의 행위나 사건 뒤에는 많은 원인과 이유가 숨어 있음을 알 수 있다.
그리고 이러한 과정을 반복하는 것으로 뇌도 활성화되어 보다 두뇌 회전이 빨라진다.
요컨대 새로운 발상이란 통찰력을 발휘하고 다각도로 가능성을 분석하여 많은 지식(경험을 포함)을 융합하고 비트는 것으로 태어나는 것이다.

맛|있|는|유|머

## 역(逆)발상

아버지 : 저렇게 작은 병아리가 알을 깨고 나오는 것이 놀랍지 않니?

아들 : 저는 병아리가 어떻게 저 안에 들어갔느냐 하는 것이 더 놀라운데요.

## 05 연상을 습관화 하라

**연상하는 방법**

발상력의 구체적인 습득방법은 평상시에 '무슨 일에나 흥미를 가져 항상 머릿속에서 다각도로 생각하는 습관을 몸에 익히는' 일이다. 즉 다면적 사고를 하는 것이다. 생각이 여기에 이르면, 비로소 다양한 '유추'가 가능해진다.

어떤 화제나 단어가 나오면, 그로부터 다양하게 연상하여 머리에 떠올리도록 노력한다. 그것은 형태, 색, 소리 뭐든지 괜찮다. 시시한 것, 세련된 것, 모두 좋다. 연상할 수 있으면 이야기를 넓힐 수가 있는 것이다.

최종적으로는 연상된 여러 가지 내용 중에서 재미있다고 생각되는 것을 순간에 판단하고 선택해 이야기할 수 있게 되는 것이 이상적이지만, 처음에는 거기까지 생각하지 않고 우선 많은 것을 연상하는 버릇을 몸에 익혀야 한다.

이는 각도를 조금 비틀어 본다든가, 혹은 좀 더 폭넓은 시야를 갖는 것이라고도 할 수 있다. 이렇게 하면 유머의 폭도 그만큼 넓어진다.

어떤 일이든 다각도로 생각하는 발상회로를 뇌 속에 만드는 것이 중요하다.

반복해 생각하는 것으로, 뇌 속에서는 뇌의 신경 세포의 연결이 발상을 순조롭게 할 수 있도록 체계화된다. 그러면 자연히 머리의 회전이 빨라져 유쾌한 아이디어와 역발상이 말이 되어 나오기 시작한다.

'무릎 관절 외과'를 전공한 의사로. 스스로 '도가니 전문가'를 자처하는 성상철 서울대병원장은 좌중을 휘어잡는 '유머'가 특기이다. 다음은 성 병원장이 내놓은 신(新) 고사성어이다.

▶ 유비무환(有備無患)
　평소에 준비가 철저하면 후에 근심이 없음을 뜻하는 말.
　성 병원장의 해석 : 비가 오면 환자가 없다.
▶ 정신일도 하사불성(精神一到 何事不成)
　정신을 한 곳에 모으면 이루지 못할 일이 없음을 뜻하는 말.
　성 병원장의 해석 : 정신이 1도라도 비뚤어지면 되는 일이 하나도 없다.
▶ 남존여비(男尊女卑)
　남성의 권리나 지위 등을 여성보다 우위에 두어 존중하고 여성을 천시하는 사상 및 태도.
　성 병원장의 해석 : 남자가 존재하려면 여자의 비위를

잘 맞춰야 한다.

**응용하고 변형시켜 보라**

하루에 한 가지씩 머릿속에 사물을 떠올려 그 특징을 최대한 많이 나열해 보고, 그 다음에는 하나라도 같은 특징을 지닌 사물, 하나라도 반대되는 특징을 가진 다른 사물을 떠올려보는 식으로 훈련한다.

연상의 패턴은 여러 가지가 있지만 대표적인 것을 살펴보자.

① 같은 의미에서도 말소리의 유사성으로 연상하라.
　'오십 보 백 보'라고 하는 말로부터 → '비슷 비슷', '피장파장', '피차일반'
② 같은 소리에서도 말의 다른 의미를 연상하라.
　'피로'라고 하는 말로부터 → '피(血)로', '히어로(Hero)', '필요(必要)'
③ 의미도 소리도 다르지만, 관련성이 있는 것을 연상해 나간다.
　'시골'이라는 말로부터 → '할머니' → '흰 머리카락' → '하얀 눈(雪)'

위와 같은 언어 연상, 동음이의어, 형태 연상 등에 익숙해지면 상황에 따라 연상 패턴을 자유자재로 바꿀 수 있어야 한층 더 유익하게 사용할 수 있다. 나아가 사물이나 상황으로부터 떠오르는 이미지를 활용하는 연상 습관도 도움이 된다.

　이런 연상 훈련을 어느 정도 해본 뒤에는 유머 만들기에 도전해 보기 바란다.

　낱말의 순서나 발음 바꾸기, 한자어 뜻 변형하기 같은 것은 쉽게 도전해 볼 만한 유머이다.

　그 다음에는 비교와 비유를 효과적으로 활용하도록 노력하면 기본적인 유머는 구사할 수 있다. 다시 한 번 강조하지만 이것은 대상의 특징을 정확히 파악해야 가능하다.

맛│있│는│유│머

## 달력

연사가 두 시간이 넘도록 강연을 하고서는 "말이 너무 길어 죄송합니다. 보시다시피 시계가 없어요."라고 말했다. 그러자 청중 가운데 한 사람이 소리쳤다. "뒤쪽에 달력이라도 있어서 얼마나 다행인지 모르겠어요."

# The Art of Humorous Conversation

제4장 웃기는 내용 구성과
표현의 기술

1 세트업 라인과 펀치 라인
2 예상 파괴 포인트
3 비유의 기술을 익혀라
4 패러디로 웃겨라
5 언어유희를 즐겨라

아침에 눈을 뜨면 무엇보다도 먼저
'오늘 한 사람에게 만이라도 기쁨을 주어야 겠다'
는 생각으로 하루를 시작하라.
- 니체(독일의 철학자) -

## 01 세트업 라인과 펀치 라인

**유머의 드라마틱한 구조**

유머 중의 조크에는 대부분 '스토리'가 있지만, 위트의 경우에는 스토리가 있는 경우와 없는 경우가 있다.

대부분의 유머 스토리는 다음과 같은 논리적 구성에 따르고 있는데, 그 구성이나 구조를 알아둔다면 유머를 잘할 수 있다.

유머 스토리는 일반적으로 전반부에서는 듣는 사람이 예상하는 방향으로 나아가며 조금씩 긴장을 높이다가, 후반부에 가서는 기승의 과정을 지나 전결의 과정 즉, 예상 외의 반전으로 구성하는 전후반 구성법이 있다.

첫째, 유머의 전반부, 즉 유머를 하는 사람과 듣는 사람을 한 방향으로 가게 하는 '세트업 라인(Set up Line)'이 있다. 이를 '구조 만들기'라고 해석하기도 한다. 쉽게 말해 부조리를 만들 상황을 설정하는 과정이다.

이때 우리 모두는 머릿속으로 이야기가 어느 방향으로 갈지 추측해보며 관심을 갖고 집중하거나 다소 긴장하게 된다.

둘째, 유머의 후반부, 즉 웃음을 터지게 하는 급소 부분인 '펀치 라인(Punch Line)'이 있다.

상황 속에서 부조리를 들추어내는 과정으로 급소를 찔러 사람을 깜짝 놀라게 하는 말이 들어 있다. 이것을 상대방한테 '펀치를 한 방 먹인다'고 표현한다. 여기의 '펀치'를 직역하면 '때리기'인데, 유머를 듣는 사람에게 엉뚱한 반전이라는 충격을 주어 웃음을 유발한다는 개념으로 서양권에서 사용하는 것 같다.

세트업 라인과 펀치 라인에 대해 다음 유머를 보며 생각해 보라.

세트업 라인 : 당신 일자리를 찾아줄 수가 없네요. 여기에 일자리를 알아보러 오는 사람이 너무 많아서 그 사람들 이름조차 기억할 수 없을 정도예요.

펀치 라인 : 그럼 그 사람들의 기록을 남기는 일을 제게 일자리로 주시면 되겠네요.

좀 더 자세히 살펴보자.

세트업 라인에서는 다른 담화와 구별되지 않는 내용으로

이야기가 구성되어 가는데, 여기에는 상황이라는 무대와 주인공이 등장한다.

누구나 예측할 수 있는 행동들을 한다. 유머에는 이른바 비정상적인 '별난 캐릭터'들이 대개 주인공이다. '별난 캐릭터'는 눈에 띠는 비정상적인 행동을 통하여 일반인들과는 구별되는 모습을 지니고 있다.

여기서 중요한 것은 호기심 내지 긴장감을 갖게 하는 것이다. 그래야 듣는 사람이 '추리'를 시작한다.

유머에서 무엇보다도 중요한 것은 세트업 라인과 펀치 라인의 관계이다. 펀치 라인은 세트업 라인과 전혀 다른 방향으로 전개된다. 그러나 단순한 변화만으로는 웃음이 유발되지 않는다.

변화는 예상을 파괴하는 것이어야 한다. 펀치 라인에서는 일반적인 예측에서 벗어나는 말이나 대답이 나와 듣는 사람에게 정신적 충격을 가한다.

예상이 파괴됨으로써 우리가 명랑하고 유쾌하게 웃을 수 있는 순간을 제공하는 것이다.

우리는 유머의 전략에 놀아났다는 말인가? 그렇다. 하지만 놀아났으면 어떻고 아니면 또 어떤가?

이와 같이 펀치 라인에서는 기존의 구조와는 전혀 다른 상황에서 놀라움과 의외성을 만들어내는데, 여기에서 유머가 발생되는 것이다.

즉 유머는 자극이 기대와 전혀 어울리지 않거나, 대비적 요소들이 시각적·청각적으로 등장한 후 반전이나 갑작스럽게 등장한 펀치 라인 등을 통해 웃음을 유발한다. 따라서 펀치 라인이 유머에서 가장 중요하다고 할 수 있다.

대개 펀치 라인에는 캐릭터의 '예상 외의 행동이나 결말'이 들어 있게 마련이다.

무엇보다도 '의외성'이 어느 정도냐에 따라 '썰렁한' 유머가 되기도 하고 그렇지 않기도 한다.

### 세트업의 기능을 알라

세트업은 유머의 '배경'이다.

배경은 사건에 사실성을 부여하며 인물의 심리상태나 사건의 전개를 암시하는 역할을 하고, 주로 묘사와 서술에 의해 제시된다.

배경의 기능은 다음과 같다.
① 인물의 행동 신빙성을 높여준다.
② 유머의 분위기나 무드를 만들어낸다.
③ 주인공의 의식과 사상 형성에 영향을 줄 수 있다.
④ 배경 자체가 '상징적인 의미'를 나타내기도 한다.
⑤ 독자로 하여금 현장감을 느끼게 한다.
⑥ 유머의 주제를 드러내는 역할을 하기도 한다.

세트업에서는 인물(캐릭터)이 등장한다. 인물을 제시하는 방법으로 소설 기법 중에서는 여러 가지가 있으나, 유머에서는 스토리가 짧기 때문에 비교적 간단하다.

현대소설에서는 보다 다양하고 복잡한 심리와 행동을 묘사함으로써 인물의 성격을 제시하는 방법이 많이 사용된다. 유머에서의 인물 제시는 명명(命名)이나 외양 묘사를 통해 그 인물의 특색을 보여 주는 것이다.

① 직접적 방법(분석적, 해설적, 논평적 제시) : 서술자가 직접적으로 인물의 특색, 특성을 요약해서 설명하는 방법이다.
② 간접적 방법(극적, 장면적 제시) : 행동이나 버릇, 대화, 갈등을 장면적으로 보여줌으로써, 독자의 상상력에 맡기는 방법이다.

이러한 인물 제시에 다음과 같은 인물의 묘사방법을 취한다.
① 외면 묘사 : 용모, 풍채, 복장, 표적, 동작, 행위 등 겉모습을 묘사하는 것이다. 용모, 복장 등의 정적 묘사와 행동의 표현인 동적 묘사로 나뉜다.
② 내면 묘사 : 등장인물의 심리와 잠재의식 묘사로, 외면 묘사에 비해 분석적이고, 복잡 다양한 인상을 보여 준다.

펀치 라인은 몇 개가 좋을까?
유머는 현저한 자극이 있어야 한다. 그래야 펀치가 위력을 발휘하여 상대를 KO시킨다.

　사람은 자신에게 주어지는 정보 등 많은 자극들 중에서 '현저한 자극'에 더 많은 주의를 기울인다.

　현저한 자극이란 무엇인가?

　예를 들어 100kg인 남자가 여성 에어로빅 강좌에서 에어로빅을 하고 있다면, 그 사람은 현저히 눈에 띌 것이다. 그러나 이 남자가 씨름 선수들과 함께 식사를 하고 있다면 별로 눈에 띄지 않을 것이다.

　특정한 자극의 현저한 정도는 이와 같이 상황적 요인에 의해 결정된다.

　일반적으로 자극의 현저성을 높여주는 상황요인을 들어보면 다음과 같다.

　① 새롭거나 기발한 것
　② 일반 사람들에게 익숙하지 않은 것
　③ 사회적 상식에 반하는 일상적이지 않은 것
　④ 일반적으로 발전의 폭이 큰 것
　⑤ 극도로 좋거나 나쁜 것

　세트업 라인도 이런 현저성을 갖는 내용이어야 긴장감이 더해진다.

　유머 스토리에 나타나는 펀치 라인의 수는 몇 개가 효과적일까? 1개인 경우가 가장 보편적이다.

여러 개의 펀치 라인이 있을 경우에는 세트업 라인과 펀치 라인의 연결이 잘 안 되는 것은 물론이고 오히려 듣는 사람에게 혼란을 줄 우려가 있다. 따라서 유머의 웃음을 유발하는 효과가 반감된다.

다음의 예와 같이 여러 개의 펀치 라인이 있는 것 같이 보이고 이렇게 하는 것이 더 재미있다고 생각할 수도 있다.
어느 화장실의 낙서라는 주제의 유머를 살펴보자.

세트업 라인 : 신은 죽었다! - 니체
펀치 라인 1 : 니체, 너는 죽었다! - 신
펀치 라인 2 : 이거 쓴 놈 죽었다! - 청소 아줌마

위의 구조에서 펀치 라인 1, 2가 사용되어서 서서히 점층적으로 의외성에 의한 웃음을 유발시킨다. 이것은 펀치 라인 2에서 절정에 이르게 된다. 따라서 평면적으로는 펀치 라인이 두 번 반복된 것으로 보인다.
그러나 펀치 라인 1과 펀치 라인 2는 성격이 다르다. 세트업 라인에서 '죽었다'가 전제되었기 때문에 '신'이 말한 것은 당연하다.
청소 아줌마가 한 말은 앞의 죽음과 차원이 다르고 예상 밖의 일이 되기 때문이다.

이러한 점에서 펀치 라인 1까지를 세트업 라인으로 보고, 나머지만 펀치 라인으로 본다면, 유머의 기본 구조는 다음과 같이 세트업 라인과 펀치 라인으로 단순화할 수 있다.

세트업 라인 : 신은 죽었다! - 니체
니체, 너는 죽었다! - 신
펀치 라인 : 이거 쓴 놈 죽었다! - 청소 아줌마

이렇게 해석하면 본격적인 펀치 라인은 마지막에 오는 요소에 의해 가장 강하게 만들어진다.
요컨대, 절정은 한 번뿐이어야 한다. 따라서 모든 라인을 가지고 펀치 라인화하지 말아야 한다.

### 유머의 유형

유머는 일반적으로 두 가지 유형으로 나타난다. 하나는 '이야기식'이고, 또 다른 하나는 '문답식'이다.
이야기식은 독립적인 구조를 가지고 있는 유머의 내용을 화자가 계속 진행하는 유형이고, 문답식은 질문 형식으로 유머를 시작하는 것이다.
유머의 구조에서는 이러한 두 가지 유형이 함께 나타날 수 있다. 이야기식의 유머가 반복된 다음에 문답식이 이어질 수도 있고, 그 반대의 경우도 있다.
두 경우 모두 세트업 라인과 펀치 라인의 두 요소를 가지고 있음은 물론이다.

예전에 유행했던 썰렁한 유머 한 토막을 소개한다.

A : "내 동생이 어제 죽었어."　　(세트업 라인)
B : "왜?"　　　　　　　　　　　(상호작용)
A : "마당에서 놀다가 금 밟아서…." (펀치 라인)

질문 형식의 유머 대화는 '구조 만들기 – 상호작용 – 펀치 라인'의 구조로 이루어지는 데, 여기에는 유머를 하는 사람과 그 상대방이 있기 마련이고 질문과 답을 하는 상호작용을 한다.

여기에서는 주로 앞의 말을 반복하는 형식의 메아리 – 질문 형식이나 "아니, 몰라." 또는 "왜? 그게 뭔데?"와 같은 표현이 대개 사용된다.

맛|있|는|유|머

## 광고 효과

사업가 두 사람이 서로의 문제를 이야기하고 있었다.
"당신은 광고로 효과를 봤습니까?" 한 사업가가 먼저 물었다. "봤다 뿐이겠어요. 지난 주에 야간 경비원을 구한다는 광고를 냈는데 그 다음날 밤에 도둑을 맞았답니다."
상대방이 한숨을 내쉬며 대답했다.

## 02 예상 파괴 포인트

**상식을 파괴하라**

어떤 스토리가 있다 하자.

만약 뭔가를 예상함으로써 흥미나 재미가 자극될 수 있다면, 스토리 내 사건들이 너무 쉽게 예측할 수 있으므로 덜 재미있을 수 있다.

재미도 좋지만 웃음의 폭발력이 미약하다. 웃음을 폭발시키기 위해서 일정 부분 우리가 예상하지 못한 것을 필요로 하며, 이것이 바로 '놀라움'의 원칙이다.

놀라움은 '상식'이 파괴될 때 비로소 생겨난다.

우리들은 상식이라는 일반적으로 생각하는 '전제'나 '언어규범'의 원리가 지켜질 것이라고 생각하는 하나의 인식 영역을 가지고 있는데, 실제로 유머에서는 이것들이 지켜지지 않고, 의도적으로 이것들을 일탈한다.

바로 이 두 영역 사이의 불일치가 유머로 전달됨으로써 웃음 생성의 원인으로 작용하는 것이다.

상식의 파괴에는 첫째가 전제의 파괴요, 둘째가 언어규범의 파괴이지만, 양자는 '차원'이 다르다고 하겠다.

후자는 예상을 벗어나기는 하지만 기교에 더 가깝기 때문이다. 여기서는 전제를 파괴하는 경우를 살펴보기로 하고 후자는 따로 설명하기로 한다.

여기서의 전제는 당연하다고 여기는 사실들을 말한다. 펀치 라인은 세트업 라인의 '전제'를 구성하는 여러 요소들이 복합적으로 나타날 수도 있지만, 유형별 특징을 보면 다음과 같이 두 가지로 나누어 볼 수 있다.

첫째, 당사자간의 배경지식을 부정한다.
당사자간의 배경지식은 일반적으로 상호 '공유'하는 지식을 의미한다. 따라서 말하는 사람과 듣는 사람끼리 당연히 공유하고 있을 것이라고 생각하는 것을 벗어남으로써 불일치를 일으키고, 이것이 유머를 생성하는 메커니즘으로 작용한다. 이를 담고 있는 유머에는 대개 상대를 놀라게 하는 내용이 많다.

세트업 라인 : 부부가 돈 문제로 옥신각신했다. 참다못한 남편이 소리를 버럭 질렀다. "만약 내 돈이 아니었다면 이 집도 차도 없었을 거라고!"

펀치 라인 : 그러자 부인이 쏘아붙였다. "당신 돈이 아니

었더라면, 나 역시 여기 없었을 거예요!"

 위의 유머에서는 부부가 공유하는 지식을 벗어난 내용이 펀치 라인으로 사용되고 있다.

 둘째, 세상사에 대한 지식을 부정한다.
 세상사에 대한 지식은 일반적으로 모든 사람이 공유한다고 생각하는 상식적인 지식을 의미한다. 따라서 화자와 청자를 포함한 모든 사람이 공유하는 것을 벗어남으로써 불일치를 일으키고, 이것이 유머를 생성하는 메커니즘으로 작용한다.

 세트업 라인 : 사업가 - 내가 처음 뉴욕에 왔을 때 사업을 시작할 자금이라고는 단돈 1달러밖에 없었지요.

 상호작용 : 기자 - 그 1달러를 어떻게 투자했기에 이렇게 성공하게 된 거죠?

 펀치 라인 : 사업가 - 고향에 돈을 좀 더 부쳐달라는 전보를 보내는 데 썼어요.

 위 유머는 효과적인 투자로 사업에 성공했다는 일반상식을 깨뜨린 것이다.

세상사에 대한 지식의 부정에는 문화적 전제를 부정하는 것도 포함된다.

문화적 전제는 동일한 민족이나 문화공동체에서 공유되는 전제를 의미한다. 따라서 동일한 문화나 민족공동체 안에서 당연히 전제하고 있는 사실을 부정함으로써 불일치를 일으키고, 이것이 유머를 생성하는 메커니즘으로 작용한다.

어떤 경상도 할머니가 버스를 탔다. 안내양이 친절히 물었다.
안내양 : 할머니, 어디 가시나요?
할머니 : 그래. 나는 경상도 가시내다. 그라문 니는 어데 가시나꼬?

위 유머는 단어의 해석 차이지만, 결국은 문화적 전제를 위배하는 것이다.

## 코믹의 요소는 대비이다

'예상파괴' 만으로 웃음의 묘미가 생겨나지는 않는다.
예를 들어 잔잔한 해변에 전혀 예상하지 못한 '쓰나미' 가 밀려와서 사람이 많이 죽었다고 하자. 그럼 웃을 수가 없다. 웃다가는 오히려 살아남은 사람들에게 몰매 맞아 죽는다.

유머들을 잘 살펴보자. 이와 더불어 보다 코믹을 의도적으로 만드는 기교는 어떤 대상에 대하여 비꼼, 대비, 모방, 반복, 과장 등으로 표현하는 것이다.
 어떤 유머는 비교와 대조를 통해 무엇이 더 낫고 무엇이 더 못하다고 평한다.

 앞에서 언급한 웃음에 대한 '웃음이론'을 다시 한 번 살펴보자.
 우월이론은 우리에게 고통이나 해악을 끼치지 않는 일종의 과오나 엉뚱함을 자신도 모르게 저지르는 인물에 대해 심적인 우위를 점함으로써 웃는다는 것으로, 플라톤과 아리스토텔레스가 주장한 이론이다.
 이 이론에 대해 엄마와 같이 놀던 아이는 엄마가 사라지면 두려워하다가도 다시 까꿍 하면서 나타나면 까르르 웃는 것에서 우월감을 찾아볼 수 없다는 비판이 가해지고 있지만, 웃는 때와 웃는 것의 비교는 다소 무리가 있다고 봐야 할 것이다.

 이에 대해 '대비이론'은 예상과 결과의 불합리한 대비에 의해 웃음이 유발된다고 보는 것으로, 칸트와 프로이드가 주장했다.
 예를 들면, 몸집이 아주 큰 남자가 마치 아기 목소리를 내는 것을 보고 웃는 경우이다.
 또한 대비가 되는 우스꽝스러운 경우가 많기는 하나 그렇지 않은 경우도 있고 모든 우스운 것이 다 대비에서 나오는 것은 아니지만 유머의 주류를 이루고 있다는 점은 부인할 수 없다.

#### 엉뚱한 비교와 대조를 하라

우리가 어떤 사물에 대하여 정의를 내리거나 설명할 때에는 반드시 비교와 대조를 하기 마련이다. 또한 우리는 사물을 판단하거나 추리할 때 머릿속에서 비교나 대조를 한다. 따라서 비교나 대조는 우리의 사고작용에서 필수적인 인식작용이라고 하겠다.

유머도 어떤 과정이나 결말을 설명하기 위해 비교와 대조를 하는 것이 대부분이다. 즉 대조를 통해 엉뚱한 결론을 가져온다.

영업 관리자가 직원들에게 각자의 할당량을 달성하라고 격려했다. 그는 목표를 달성하는 직원에게 인센티브로 자기의 바닷가 별장을 쓰게 해주겠다고 제의했다.

그러자 한 직원이 "해변에 별장을 가지고 계신 줄은 몰랐습니다." 하고 말하자 영업 관리자가 대답했다. "지금은 없지. 그렇지만 자네들 모두가 목표를 달성하면 별장을 살 수 있게 된다네."

위의 유머에는 별장이 '없다' 와 '있다' 를 교묘하게 대조시키면서 묘미를 연출하고 있다.

이상에서 살펴본 바와 같이 우리가 유머를 잘하려면 비교와 대조, 즉 대비를 잘해야 한다.

대비란 둘 이상의 대상들 사이에 존재하는 공통점과 차이점을 드러내서 대상들의 특성을 알려주는 설명방법이다. '차이점'을 강조하는 것이 '대조'이고, '공통점'을 강조하는 것이 '비교'이다.

예를 들면,
① "A는 B보다 유머를 잘한다."는 비교법이다.
② "A는 유머를 잘하는데, B는 못 한다."는 대조법이다.

①은 A와 B 모두 유머를 잘하는 것을 전제한 뒤 그 중에서 A가 B보다 우수하다고 비교하고 있다.

②는 A는 유머를 잘하고, B는 못 한다는 것을 전제로 한다. 한쪽은 잘하는 데 비해, 다른 쪽은 못 한다는 대조점을 보여주고 있다.

그러나 공통점과 차이점 모두 '비교'의 소관이라는 것이 일반적인 견해이다.
따라서 비록 대조를 보일 때라도 먼저 공통점에서 출발하는 것이 일반적이기 때문에 논리학에서는 비교와 대조를 함께 나타내는 '대비'란 용어로 묶어 사용한다.

인생은 짧고, 예술은 길다. (짧다 ↔ 길다)
드는 정은 몰라도, 나는 정은 안다. (드는 정 ↔ 나는 정)
낮말은 새가 듣고, 밤말은 쥐가 듣는다. (낮말 ↔ 밤말)

비교의 대상이 되는 둘 이상의 사항은 어느 정도 알려지고, 어느 정도 알려지지 않은 점에서 서로 대등하여야 '균형 잡힌 비교'가 이루어진다.

그런 상태에서 공통점과 차이점을 찾아내면, 알려진 사실은 더욱 확실해지고 알려지지 않은 사실도 알 수 있게 된다. 그러나 유머에서는 '균형 잡힌 비교'가 아니라 '엉뚱한 비교'를 하여 웃음을 유발한다.

대조는 어느 정도의 공통성이 있는 두 사물을 대상으로 전혀 '반대'가 되는 성질을 강조함으로써 그 모습이나 성질을 강하게 부각시킬 수 있는 표현방법이다.

그러나 유머에서는 그 반대를 이상한 방향 내지 엉뚱한 방향에서 대조시킨다.

### 범위에서 벗어난 말을 하라

유머는 우리가 상식적으로 지켜야 할 언어규범에서 벗어난 말을 해서 상대로 하여금 놀라게 하며 또한 웃음을 유발시킨다.

언어규범을 들추지 않더라도 말을 함에 있어서 말하는 사람이 거짓이라고 생각하는 것이나, 타당한 증거를 갖고 있지 않은 것은 말하지 말아야 한다.

그런데 유머는 이를 위배하는 것으로 웃음을 발생시킨다. 예컨대, 사실을 과장하는 말을 하는 것이다. 사물의 수량, 성질, 상태나 표현하려는 내용을 실제보다 더 확대하거나 축소

해서 의미를 강조하는 수법이다.

과장은 '실제보다 지나치게 떠벌린다.'는 것이지만, 실제보다 더 크고 강하게 나타내는 것과 더 작고 약하게 나타내는 것이 있다.
과장해서 이야기하는 내용은 현실적으로 있을 수 없거나 실행이 불가능한 것들이 대부분이다.
하지만 과장은 대상을 풍자하거나 해학적으로 그려내는 데는 아주 유용하다.

아내 : 여보, 큰일났어요. 아기가 10원짜리 동전을 삼켰어요.
남편 : 뭐 그까짓 게 다 큰일이요? 어떤 정치인은 정치 자금 수천억 원을 송두리째 받아먹고도 아무 탈 없고, 어떤 공무원은 공금 수십억 원을 침도 안 바르고 꿀꺽 삼키고도 그냥 넘어가며, 어떤 사람은 남의 땅 수십만 평을 눈도 깜빡 안 하고 집어 먹었는데도 뒤탈이 없는데, 그까짓 10원짜리 동전 하나 삼켰다고 무슨 일이야 있겠소?

"눈이 빠지도록 기다렸다." 등의 표현은 과장에 해당한다. 그러나 때로는 '눈물의 홍수'에서처럼 은유와 함께 나타내는 데에 효과적이다.
물론 악의 없는 과장이어야 한다. 경우에 따라 자신을 과장하고 코믹한 허풍을 떨어보아라. 그러면 주위 사람이 당신을 다시 보게 될 것이다. 다음의 예를 보자.

"난 사실 고등학교에 다닐 때까지도 공부에는 취미가 없었거든. 내가 결석을 자주 했다면 믿을 수 있겠니? 난 그냥, 교문이 너무 싫었어. 왠지 꽉 막힌 듯 답답하잖아. 그래서 학교에 가기 싫을 때는 그냥 집에 있었지. 그런데 시험만 보면 100점 이었어. 물론 꿈 속에서였지만 말야."

맛있는유머

## 영화관에서

뚱뚱한 남자가 영화관에서 뒤에 앉아 있는 꼬마에게 말했다.
"얘야, 화면이 보이니?"
"하나도 안 보여요."
아이가 대답하자 남자가 말했다.
"그럼 나를 잘 보고 있다가 내가 웃으면 따라 웃도록 해."

## 03 비유의 기술을 익혀라

**비유의 성립조건**

단순한 대비는 재미가 없다. 그리고 웃음도 나오지 않는다. 유머에서의 대비는 엉뚱한 대비여야 한다. 그 표현방법 또한 웃음의 폭발력을 좌우한다. 대비가 비유라는 표현에 실려야 더욱 묘미가 있다.

우리는 남의 말을 들으면 그가 무슨 말을 하는지 혹은 하려는지를 안다.
그런즉, "만리장성을 쌓다."라는 표현을 접하면 우리는 그 말이 무엇을 뜻하는지 알아차린다. 여기서 "힘도 좋아!"라고 말한다면, 웃음이 터져 나온다.
무수한 유머들은 이러한 비유를 통하여 우리를 즐겁게 하므로 우리는 보다 비유적인 표현에 관심을 기울여야 할 것이다.

젊은 부부가 갓난아기를 집으로 데리고 온 후, 아내가 남편에게 아기의 기저귀를 갈아달라고 부탁했다.
　남편이 대답하길, "지금 좀 바쁜데. 다음 번에 내가 할게. 둘째 아기가 태어나면 말이야."

　비교와 비유는 대상의 '공통성'을 전제로 한다는 점에서는 일치하나, 표현의 방법으로서는 엄밀히 구별된다. 즉 비교는 공통점이 있는 두 대상을 명확하게 설명하기 위한 것이고, 비유는 공통점을 전제로 한 두 대상을 연결하여 표현함으로써 새로운 '연상' 의미를 이끌어내기 위한 표현방법이다.

　영어에서 비유에 상응하는 단어는 'Metaphor'이다. 여기에서 'Meta-'는 '초월'이라는 의미를 가지고 있다. 다시 말해, 비유에는 '전통적인 낡은 사유방식을 초월한다.'는 의미가 내포되어 있는 것이다.
　이런 의미에서 비유는 그 표현 속에 이미 '기발하다'는 의미를 지니고 있다. 그래서 고급 유머에서는 비유가 많이 사용된다.

　비유란 표현하고자 하는 바를 구체적이고도 생생하게 나타내기 위해 다른 사물을 이끌어 쓰는 수사적 방법이다.
　즉 비유란 B(보조관념)라는 사물 혹은 이치를 사용하여 그것과 본질적으로 다른, 그러면서도 동시에 유사점을 가지고 있는 A(원관념)라는 사물 혹은 이치를 설명하는 수사기법이다.

비유는 보통 나타내고자 하는 본래의 뜻·사물과 그것을 표현하기 위한 매개물로 이루어지는데, 원관념과 보조관념 둘 사이의 관계에 따라 비유는 여러 종류로 나뉜다. 직유와 은유가 대표적이다.

직유법은 표현하고자 하는 사물(원관념)과 비유되는 다른 사물(보조관념)을 직접 맞세워 표현하는 방법으로 '~같이, ~처럼, ~듯이, ~양' 등의 형태로 나타난다(A는 B처럼).

① 고래등 같은 기와집
   (원) 기와집 → (보조) 고래등 : 크고 드높아 웅장함
② 고목(古木) 껍질 같은 어머니의 손
   (원) 어머니의 손 → (보조) 고목 껍질 : 거친 모습

은유법은 표현하고자 하는 사물을 숨기고, 비유되는 사물은 드러내어 'A는 B다'의 형태로 나타난다.

① 내 마음은 호수요, 그대 저어 오오.
   (원) 내 마음 → (보조) 호수
② 아기의 자는 모습은 천사다.
   (원) 아기의 자는 모습 → (보조) 천사

우리가 잘 쓰는 위트 중에서도 남자를 '늑대'에 비유하고 여자를 '여우'에, 자식을 '토끼'에 비유하는데, 이러한 수사

법을 적용한 예라 할 수 있다.

얼마만큼 비유하느냐에 따른 '대유법'이란 것이 있다. 이는 직접 그 사물의 명칭을 쓰지 않고, 그 일부분으로써 혹은 그 사물의 특징으로써 전체를 나타내는 방법이다. 이에는 '제유법'과 '환유법'이 있다.

제유법은 같은 종류의 사물 중에서 어느 '한 부분'으로써 전체를 알 수 있게 표현하는 방법이다.

  ① 빵만으로는 살 수 없다.
    (부분) 빵 → (전체) 음식
  ② 아버지께서는 오늘도 약주를 드셨다.
    (부분) 약주 → (전체) 술

환유법은 표현하고자 하는 사물의 특징으로써 '전체'를 나타내는 방법이다.

  ① 그녀는 백의의 천사다.
    (특징) 흰옷 입은 천사 → (전체) 간호사
  ② 당신은 만인의 별이다.
    (특징) 별, 스타 → (전체) 연예인, 장성 동경의 대상

멋진 은유는 멋진 위트가 된다. 물론 타이밍을 잘 잡아야 한다.

기업체 대표 출신인 진대제 정보통신부 장관은 '미래를 여는 아시아'를 주제로 열린 ITU 텔레콤 아시아 포럼 개막식에서 IT 839 전략을 소개하는 동영상 발표자료를 보여준 후 "너무 빨라서 잘 이해했는지 모르겠다. 이는 한국의 네트워크 속도가 빠르기 때문"이라고 이해를 구해 장내를 웃음바다로 만들었다.

### 적절히 비꼬아라

비유 중에서 우리가 반드시 알아두어야 할 것은 풍유법이다. 빗대고 비꼬는 것을 풍자라고 한다. 유머에서 남을 풍자하는 경우에 주로 풍유법을 사용하게 된다.

풍유법은 '비꼬아' 말하고자 하는 원관념을 속뜻으로 숨겨서, 보조관념만으로 원관념을 간접적으로 드러내는 표현방법이다.

상대방의 부정적 속성을 직접 이야기하기 곤란한 경우, 우화나 일화·경구 등을 이용하여 간접적으로 표현하거나 아니면 독립된 이야기를 구성하여 대상을 '희화화' 시킴으로써 대상의 '부정적 속성'을 확대하여 풍자하거나, 이해를 쉽게 하는 수법이다.

흔히 유머에서는 풍유가 얕보기, 깔보기, 경시, 비난의 수단으로 사용된다. 유머는 풍자를 통해 인간의 모습 속에 담겨 있는 우스운 점을 드러낸다.

대부분의 비유가 어떤 하나의 사물에 대한 것인데 비하여, 풍유는 일정한 체계를 가진 사물들의 관계를 나타내는 비유이다. 그래서 이를 '체계적 비유'라고 설명하기도 한다.

  풍유로 표현하기 위하여 도입된 비유는 문장 전체에 사용되기 때문에 그 본뜻은 추측할 수밖에 없다.

  우리는 왕왕 진실을 말하고픈 충동에 사로잡힌다. 때문에 대숲에 들어가 "임금님 귀는 당나귀 귀" 하고 말했다는 옛날이야기와 같이 말이라도 해야 속이 시원한 것이 인간이 지닌 참을 수 없는 진실에의 가려움이며 이는 풍자를 낳는 모티브가 되고 있다.

  정치인이 풍자의 대상으로 많이 등장하고 유머에도 많이 등장한다. 대통령도 유머의 주인공으로 자주 등장한다. 옛날이나 현재나 술자리 안줏감으로 가장 많이 씹히는 직업이 정치인인 것은 동서양에 차이가 없다. 또한 제3자에 관한 이야기이고 공통의 화제로서 적당하기 때문인지 쉽게 대화의 도마에 오르기도 한다.

  정치인들은 도무지 생산적인 일이라고는 하지 않고 입만 갖고 살면서 갖은 호강은 다 누리는 것이 못마땅해 보여서일 것이다. 또한 이야깃거리로 부담이 없기 때문일 것이다.

  늦은 밤 으슥한 골목에서 강도가 행인에게 총을 들이대며 협박했다.
  "있는 돈 다 내놔!"
  행인이 말했다.

"넌 내 돈을 뺏지 못해. 난 국회의원이야!"
그러자 강도가 더 큰소리로 말했다.
"그럼 내 돈 내놔, 이 도둑놈아!"

풍자는 특정 계급에 대한 반감을 표시하고, 기성세대에 대한 도전을 표하는 행위로까지 연결된다. 근래 대중가요의 노랫말이 바로 이런 동향을 여실히 보여주고 있다.
풍자는 정면에서의 비판이 아니라 대상의 부정적인 면을 은근히 들추어냄으로써 충격효과를 노리는 방법인 셈이다.
기지, 조롱, 아이러니, 비꼼, 조소, 냉소 등이 이를 위해 동원된다. 이러한 방법은 조크에서 많이 사용되는 수법이지만 풍자에서는 예기치 못한 것은 아니다.

풍자에는 '아이러니'가 많이 사용된다. 표면에 나타난 것과 속에 숨겨져 있는 의미가 판이하게 다른 것을 반어 또는 아이러니라고 한다.
가령 그릇을 닦던 동생이 경솔히 굴다가 한꺼번에 여러 장의 접시를 깨뜨렸을 때, 그 언니가 "잘 한다. 더 닦지 않아도 좋도록 훌륭히 씻는구나."라고 말하는 것과 같은 경우이다.

① 참 얄밉게도 생겼네. - 귀엽게 생겼다는 뜻이다.
② 잘 깨먹었다(그릇을 깬 경우에). - 나무라는 의도를 반대로 표현한 것이다.

아이러니는 또 어떤 사건 속에서 표현되기도 한다.

예컨대, 전쟁터에서 친구를 안전한 방공호에 숨게 하고 자신은 땅바닥에 엎드려서 폭격을 피하였던 사람이 나중에 일어나 보니 바로 그 방공호에 폭탄이 명중하여 친구가 죽었다면, 친구를 위한 희생적 태도가 거꾸로 그를 죽게 했다고 할 수 있다.

이와 같은 것을 특히 '상황의 아이러니' 라고 하여 앞에서 본 '언어적 아이러니' 와 구별된다.

아무튼 아이러니는 날카로운 긴장감 속에서 인생의 복잡한 모습을 표현하는 데 효과적인 표현방법이다.

풍자와 같은 유머는 사회의 어두운 곳이나 세태를 반영한다. 예를 들어보자.

남자를 애완동물로 키우는 여성이 늘고 있다는 소문이 있다. 그동안 회자되던 애기를 생각한다면 충분히 가능한 일이다. 그 중 하나를 한때 유행했던 유머에서 찾을 수 있다.

이사할 때 중년의 남편이 취해야 할 태도는?
1. 짐칸에 먼저 탄다.
2. 애완견을 잽싸게 안는다.
3. 자신이 애완견이 된다.
현재의 답은 2번이다.

유머는 세태를 반영한다. 사회현상으로 농익었을 때 그에 따른 우스갯소리가 나온다. "유머에 사회풍자가 섞여 있다."는 말은 여기에서 기인한다.

　이렇게 보면 2와 3은 남자들의 현재와 미래의 바로미터일 수 있다. 일본에서는 이미 2를 넘어 3으로 남자와 여자 사이의 위상이 변하고 있다.

　이와 같이 단순해 보이는 유머에도 당대의 사회 현상이 담겨 있음을 알수 있다.

　사람을 여러 각도에서 비유한 유머가 있다. 하나하나를 어떻게 비유 하였는지 곰곰이 생각해보라.

1. 실망을 주는 사람보다는 신망을 주는 사람
2. 박사보다 밥 사는 사람
3. 공짜보다는 공자를 더 밝히는 사람
4. 명예를 탐하기보다는 멍에를 지는 사람
5. 거짓으로 사느니 거지로 사는 사람
6. 안주하는 사람보다는 완주하는 사람
7. 잔머리 굴리기보다는 우두머리가 되려는 사람
8. 여자를 사냥하기보다는 사랑하는 사람
9. 포옹력 있는 사람보다는 포용력 있는 사람
10. 정력을 내세우기보다는 정열을 내세우는 사람
11. 나체보다 니체 감상을 즐기는 사람
12. 누운 사람보다는 눈사람을 보며 더 즐거워하는 사람
13. 밝히는 사람보다는 밝은 사람

14. 푼수보다는 준수한 사람

15. 벗기보다는 벗을 좋아하는 사람

16. 때가 있는 사람보다는 때를 아는 사람

17. 색기 있는 사람보다 색깔 있는 사람

18. 여우같기보다는 여유를 보이는 사람

19. 발랑 까진 사람보다는 발릴한 사람

20. 끔찍한 사람보다는 깜찍한 사람

사람들은 새로운 것, 예상을 깨는 것에 솔깃해하고 감탄한다.

듣는 사람에게 즐거움을 주는 유머를 하려면, 남들이 흔히 쓰는 진부한 표현을 삼가고 웃음을 유발하는 어휘와 표현방법을 찾아내어 이를 사용해야 한다.

유머가 보다 유머답기 위해서는 비유에서 본관념과 보조관념의 내용상의 거리에 주목해야 한다. 즉 보조관념이 일단 흥미 있고 재치 있어야 한다.

가령, 남자 나이를 불에 비유한 이 유머는 약간 야한 면이 있지만 착상이 재미있다.

10대는 성냥불(슬쩍 긁기만 해도 활활 타오르니까),

20대는 장작불(겉으로 보기에도 강한 화력에다 근처에만 가도 뜨거우니까),

30대는 연탄불(겉으로 보면 그저 그래도 은근한 화력을 자랑

한다),

　40대는 화롯불(겉으로 보기엔 죽은 것 같지만 자세히 뒤져보면 아직 살아 있다),

　50대는 담뱃불(힘껏 빨아야지만 불이 붙는다),

　60대는 반딧불(불도 아닌 게 불인 척한다),

　70대는 올림픽 성화불(4년에 한 번씩만 불이 켜진다),

　마지막으로 80대는 도깨비불(불인 줄 알고 가보면 불이 아니다).

　다시 말해 본관념과 보조관념이 내용상 서로 연관성이 없으면 없을수록, 즉 일반적인 상식선의 상상력으로는 서로 공통점을 찾아내기 힘들면 힘들수록 뛰어난 통찰력과 예술적 연상작용으로 이 양자간에 기발한 연관관계를 형성시킨다면, 결과적으로 다른 사람으로 하여금 매우 신선한 감흥을 불러일으킬 수 있을 것이다.

맛 있 는 유 머

## 충고

"남자들은 이야기를 한 귀로 듣고 다른 한 귀로 흘려버리지."
어머니가 딸에게 충고했다.
"그리고 여자들은 양쪽 귀로 이야기를 듣고는 입으로 내보낸다는 사실을 잊어서는 안 된다."

## 04
# 패러디로 웃겨라

'패러디'는 의도적으로 기존의 것을 모방하여 유머, 강조 등의 특수한 효과를 얻으려 하는 메커니즘이다. 그러므로 넓은 의미에서 '비유'의 테두리에 넣을 수 있다.

**모방(Imitation)이란 무슨 뜻인가?**
'다른 것을 보고 본뜨거나 흉내내는 것'이라는 사전적 의미로만 해석한다면, 어떤 사물이나 행동이 현실적으로 존재하여야만 그것의 모방이 가능하다.
 누구나 처음에는 모방을 하기 마련이다. 모방을 해서 그것을 변형하는 패러디를 하고 그 다음에 비로소 창조하는 것이 모든 일의 발달과정이다.

 패러디는 대통령도 발가벗기고, 권위 있는 사람이나 얄미운 대상은 물론 딱딱하고 어려운 쟁점을 번득이는 위트와 유머로 버무려 웃음으로 승화시키는 일종의 '풍자'라 할 수 있다.

일상대화에서 자신의 말을 강조하기 위하여 적절한 패러디를 사용할 수도 있다.

인터넷은 온통 패러디 열풍이다. 정치, 뉴스, CF, 영화, 드라마까지 비틀고 뒤집은 패러디라는 바다에 빠져 있다. 패러디의 진원지인 인터넷상에는 매일 수십 개의 패러디가 만들어지고 유행하다 사라지고 있으며 '패러디'라는 검색어를 치면 관련 사이트가 셀 수 없을 정도로 줄줄이 쏟아진다.

그만큼 요즘 젊은 세대들은 패러디를 통해 사회현상을 읽는다. 미주알고주알 사회적 사안까지 패러디하여 "태양 아래 새로운 것은 없다."라는 말을 실감할 정도다.

사회학자들은 "패러디는 문화권력이나 제도권 층에 대해 조롱하고 비웃는 저항문화의 한 형태"라고 진단했다.

## 패러디의 순기능과 역기능

네티즌들이 패러디에 열광하는 이유는 뭘까? 현실이 짜증스럽고 살맛이 나지 않을 때 이를 호소하는 대중들이 패러디라는 형식으로 표현하고 있기 때문이라는 분석이다.

다시 말해 패러디는 답답한 세상에서 한바탕 웃음으로 숨통을 틔게 해주는 청량제 역할을 한다는 것이다.

네티즌들이 컴퓨터에서 사용하는 언어는 일상어와 많은 차이를 보이며 나아가 일상어에도 영향을 현저하게 미치고 있음을 곳곳에서 발견할 수 있고 우리도 어느새 입에 올리고 있다.

시중의 유머를 보면 속담이나 격언 또는 유명인들의 대표적인 말을 바꿔 재창조하고 있으며 그 기법도 기발하다.

대표적인 사자성어나 남녀성격 구분 같은 유머는 패러디가 오히려 새로운 맛을 창조하고 있다.

이러한 '패러디' 라는 메커니즘은 그 방법 자체에 있어서는 새롭다거나 표준원칙 등에서 벗어난다고 말하기는 어렵지만, 기존의 것을 '모방' 하여 나름대로의 방식으로 바꿔 새롭게 표현한다는 점에 있어서 '관찰' 의 메커니즘과 같은 맥락에서 '표준으로부터의 이탈' 이라고 할 수 있다.

특히 텔레비전 광고 문안, 텔레비전과 영화에 등장하는 인물들의 특징적인 대사나 말투 등을 패러디하는 것이 유머를 유발하는 메커니즘으로 흔히 쓰이고 있다.

"나, 떨고 있니?" 여러 해가 지났지만 지금도 기억되고 있는 TV 연속극 '모래시계' 의 명대사다. 자신의 현재상태를 확인받고 싶을 때 사용하면 좋을 문구이다.

### 꼭 유행하는 것만 패러디할 필요는 없다

지나간 시대의 표현을 다시 인용함으로써 향수를 불러 일으키는 위트도 가능하다. 또한 누구나 알고 있는 작품이나 대상을 차용하여 유머러스한 효과를 주거나 흥미를 유발하는 것도 좋은 방법 중의 하나이다.

유명 포털 사이트에서 '드라마와 영화, 사랑의 명대사는 무엇인가'라는 조사를 하였는데, 그 리스트는 다음과 같다. 연인 사이에서 패러디하여 사용하면 사랑이 더욱 꽃 필 것이다.

1. 사랑하는 사람에겐 미안하다는 말은 하지 않는 거야. (영화 '러브스토리')
2. 이 안에 너 있다! (드라마 '파리의 연인')
3. 당신을 보면 나보다 먼저 가슴이 뜁니다. (드라마 '여름향기')
4. 언제까지나 기다릴 거에요. 그것이 운명이라 해도, 그 운명을 넘어서 영원히. (영화 '가을의 전설')
5. 그녀는 부족한 나를 가득 채워주는 느낌입니다. 그녀와 함께 있으면 내 삶은 영화보다 더 아름답습니다. (브래드 피트)

액면 그대로 차용하는 경우도 있으나 약간의 손질을 가해 패러디하면 당신의 유머 감각이 돋보일 것이다.

## 05 언어유희를 즐겨라

**펀(Fun) 하라**

스토리가 있는 상황의 유머도 언어로 기술할 수 있는 것이겠지만 상황 자체로 웃음을 유발하는 것과 대별하여 언어 자체, 즉 단어만 갖고도 유머를 만들 수 있다.

발음이 동일하거나 유사한 표현이지만, 의미적으로 전혀 관련 없는 표현을 이용하여 웃음을 자아내거나 언어유희를 통해 웃음을 자아내는 경우이다.

'재치 있는 표현'을 통해 유머를 유발하는 것은 상당히 일반적인 방법이라 할 수 있는데, 영미권에서는 '펀'이라고 한다.

웹스터(Daniel Webster) 사전에 따르면, 펀은 '단어의 유머러스한 사용, 또는 형태나 소리가 비슷하지만 다른 의미를 가지고 있는 단어의 장난, 두 가지 또는 그 이상의 의미의 적용이 가능한 단어의 유머러스한 사용'이라고 한다. 한마디로 '언어 코믹'이라고 할 수 있다.

일반적으로 커뮤니케이션에서는 정확한 의사전달을 위해 '명확한 말을 효과적이고도 효율적으로' 사용하여야 한다는 것이 하나의 상식이다. 이를 언어규범 내지 언어예절이라고 부르기도 한다.

사람들은 일반적으로 대화와 같은 커뮤니케이션에서 이 언어규범이 지켜질 것으로 예상하는데, 실제로 나온 말이 갑작스럽게 이를 위배할 때 불일치가 나타나며, 이것이 웃음을 일으키는 하나의 요인이 된다.

이런 유머는 조크에서도 많이 사용되지만 위트에서도 많이 이용된다.

### 여러 가지 의미로 해석되는 단어를 이용한다

우리가 말로 지칭하는 단어는 하나의 상징이다. 어떤 단어를 소리내어 말할 때 이 단어는 무엇인가를 가리키게 된다. 사과라든지 컴퓨터와 같은 어떤 물리적 대상을 가리키기도 하고, 사랑이나 행복과 같은 추상적 개념을 가리키기도 한다.

또한 어떤 대상을 손가락으로 꼭 집어 이것이라고 말하기 전에는 말로 표현한 대상이나 개념이 무엇인지 분명히 전달되지 않는 경우가 많다.

그것은 바로 언어의 추상성 때문이다. 예컨대 '이것'이라고 하였을 경우 손가락으로 가리키지 않으면 대상이 무엇인지 파악하지 못하는 경우가 있다.

이와 같이 말에는 추상성이 있기 때문에 하나 이상의 뜻으로 해석되는데 이를 '중의성'이라고 한다.

그래서 말이나 표현으로 예상 밖의 또 다른 의미를 가지고 불일치를 만들어낼 수 있고 또 이를 이용한 유머가 비교적 많다.

표현의 중의성을 이용한 언어유희에는 대체로 '동음이의어' 내지 '다의어'가 핵심적인 어휘로 들어 있다.

동음이의어란 소리는 같지만 두 가지 이상의 의미를 가지고 있는 단어로서, 특히 이 두 가지 의미가 역사적으로나 개념적으로 서로 연관성을 갖지 않는 경우이다. 말(言)과 말(馬)이 대표적인 예이다.

이와 같이 같은 소리가 나지만 뜻이 다른 말로 대치하는 것에서 유머가 생겨난다. 이 경우는 철자까지도 같지만, 철자는 다르고 소리만 같은 경우에도 중의성이 생긴다.

질문 : 소갈머리는 없고 주변머리만 있는 사람은?
대답 : 가운데 머리카락이 없는 대머리.

이 경우에 '소갈머리'는 '속알머리'와 철자는 다르지만 소리가 같아서 중의성을 갖게 되고, 이것이 유머로 사용된 것이다.

또한 외국어를 쓰는 것이 어느 정도 보편화되어 있어 외국어의 동음이의어를 이용한 유머도 많이 생겨난다.

얼마 전 청와대와 외교부의 코드가 맞지 않아 불협화음이 끊이지 않자 "사람마다 다를 수밖에 없는 '코드(Code : 기호)'를 '코드(Cord : 끈)'로 연결해서 '코드(Chord : 화음)'로 만들어내는 게 청와대가 할 일"이란 한 중견 외교관의 뼈 있는 유머가 회자되기도 했다.

아버지 : 뽀리야, H 다음이 뭐야?
아들 : 아이.
아버지 : 우와! 그럼 '나'는 영어로 뭐지?
아들 : 아이.
아버지 : 그럼 '눈'은 영어로 뭐야?
아들 : 아이.
아버지 : 우와! 우리 아들은 정말 천잰가봐.
아들 : 아이.
뽀리는 아직 어려서 '아이'라는 말밖에 못합니다.

동음이의어와 비슷한 기능을 하는 말이 사투리이다. 사투리는 적절하게 웃음을 유발하는 마력이 있다. 표준말을 하다가 적당하게 사투리를 쓰면 서로가 웃게 된다.

"사람들이 알아본당께."
"니들 들었냐? 우리가 뜨고 있다는 거 아니래나."
"그래~야. 글면 시방 스타구마 잉~."
"와~ 기분 억수로 좋네. 그라문 싸인 연습해야 하는 거 아이가?"
 "앗따, 말 한 마디 하는디 그렇코롬 못 알아 듣는다냐. 귀가 막혔다냐."

 처음 들으면 화난 듯하지만 다시 들으면 정감 있는 게 전라도 말이다. 억양에 따라 한 마디 한 마디가 다른 표현이 될 수 있다.
 '앗따' 라는 말의 앞 부분을 세게 말하면 '답답하다' 는 뜻이며, 리듬을 타면 '(감탄하면서)좋다' 는 정반대의 뜻이 된다.
 말을 잘 새겨들어야 하기는 부산 사투리도 마찬가지다. '쫌' 은 '조금' 이지만 세게 강조하면 '제발 그러지 말라' 는 뜻이다.

 "나폴레옹의 사전엔 불가능이 없다. 계백 장군의 사전엔 단 한 단어만 있다. - 거시기."

 영화 '황산벌' 이 '아짤하게 거시기 해불것습니다.' 등 '사투리 따라잡기' 로 대박을 터트리면서 서울에서도 전라도와 경상도 사투리로 말하기가 한때 유행된 적이 있었다.
 TV 프로그램 '개그 콘서트' 의 생활 사투리는 전라도와 경상도 사투리의 패러디로 한때 최고의 인기 코너였다. 전라도 사투리 '훈민정음 편' 유머도 인기를 끌었다.

"시방 나라말쌈지가 때놈들 말하고 솔찬히 거시기혀서, 글씨로는 이녁들끼리 통헐 수가 없응께로, 요로코롬 혀갖고는 느그 거시기들이 씨부리고 싶은 것이 있어도, 그 뜻을 거시기헐 수 없은께 허벌나게 깝깝허지 않것어."

### 문장의 의미를 달리 해석하여 이용한다

동음이의어는 단어만으로 중의성을 일으키지만, 단어로 구성된 어휘나 문장 전체로서도 다른 해석이 가능하며, 이를 유머로 이용할 수 있다. 즉 어휘나 문장을 통상과 달리 엉뚱하게 해석해서 웃음을 자아내는 것이다.

어떤 고차원적인 유머는, '지는 것이 이기는 것이다' 라는 표현과 같이 표면적으로는 이치에 맞지 않는 듯하나, 실은 그 속에 절실한 뜻이 담기도록 하는 역설(Paradox)이 담겨져 있어 오히려 우리에게 교훈을 준다.

직원이 신경질적으로 헛기침을 한 뒤 경직된 자세로 사장에게 말했다.

"저는 25년간 일하면서 한 번도 월급을 올려달라고 건의 드리지 않았습니다."

그러자 사장이 말했다.

"음, 바로 그 때문에 자네가 나와 함께 25년간 일할 수 있었던 거야."

'동문서답' 하는 형태도 이런 유형에 속한다.

A : 이봐요, 나잇값 좀 하세요.
B : 나이 한 살에 얼마지요?

재미있는 사자성어 풀이도 예측불허의 해석을 해서 사람들을 웃긴다.

① 고진감래 - 고생을 진탕하고 나면 감기 몸살이 온다.
② 새옹지마 - 새처럼 옹졸하게 지랄하지 마라.
③ 침소봉대 - 잠자리에서는 봉(?)이 대접을 받는다.
④ 사형선고 - 사정과 형편에 따라 선택하고 고른다.
⑤ 군계일학 - 군대에서는 계급이 일단 학력보다 우선이다.
⑥ 좌불안석 - 좌우지간에 불고기는 안심을 석쇠에 구워야 제 맛.
⑦ 죽마고우 - 죽치고 마주앉아 고스톱 치는 친구.
⑧ 삼고초려 - 쓰리 고를 할 때는 초단을 조심하라.
⑨ 전라남도 - 홀딱 벗은 남자의 그림.
⑩ 희로애락 - 희희낙락 노닐다가 애 떨어질까 무섭다.
⑪ 구사일생 - 구차하게 사는 한 평생.
⑫ 포복절도 - 도둑질을 잘하려면 포복을 잘해야 한다.
⑬ 개인지도 - 개가 사람을 가르친다.
⑭ 조족지혈 - 조기축구회에 나가 족구하고 지랄하다 피 본다.
⑮ 편집위원 - 편식과 집착은 위암의 원인이 된다.

세트업 라인을 멋지게 받아치는 펀치 라인이 엉뚱하면 할수록 유머는 더 재미가 있다.

목욕탕에서 스님이 목욕을 하다 말고 옆에 있는 까까머리 학생을 불렀다.
스님 : 야, 이리 와서 내 등 좀 밀어.
학생 : 누구신데 초면에 반말을 하세요?
스님 : 나? 나야 중이지.
학생 : 뭐? 중이라고? 난 중3이야, 임마.

특히 요즘 유행하는 문자 메시지를 이용한 유머는 이를 활용한 예라 볼 수 있다.
문자 메시지는 한 번에 휴대전화기의 자판에 나타나는 글자 수가 제한된다는 특성을 활용해서 보다 함축적으로 해석을 달리하는 특징을 가지고 있다.

A : '보' 내기 싫었어, 보내면 후회할 것 같아서 …
B : 그래서 '가위' 냈어.

A : 앞으론 '날' 생각하지마 …
B : 넌 '날개' 가 없잖아.

A : 이 '별' 이 뭘까? …
B : '지구' 야.

상업 광고에도 은밀한 문장으로 다양한 해석이 가능한 문구가 등장하며 상품을 기억하게 만든다.

내 입도 맞춰줄래? - 와우 캐프테리아(대형 월드 와이드)
나는 아무데서나 한다 - HaanSoft(한글과 컴퓨터)
하고 싶을 땐 하는 거야 - 젠느(해태제과)

최근에 우리말과 외국어 사이의 이중의미를 보이는 유머가 많아지고 있는 것은 인터넷과 세계화로 인해 외국어 특히 영어가 우리 일상생활에 미치는 영향력이 커졌기 때문인 것으로 보인다.

방송의 개그 프로그램에도 엉터리 영어 해석이 등장해 시청자들이 박장대소를 하기도 한다.

"메리(Merry)는 개죠. Said that은 '새 됐다' 라는 뜻으로 싸이 접속사죠."

애완견의 이름에 '메리' 가 많다는 데서 착안해 아예 '메리' 를 개로 해석한다. 영어 발음을 한국어로 '재해석' 한 후 독특한 접속사 이름을 붙인다. 그래서 Said that은 가수 싸이가 '새' 를 불렀다는 이유로 싸이 접속사가 된다는 의미이다.

### 어순을 파괴한다

상식적으로 말할 때에는 조리 있게 순서대로 말해야 한다. 즉 말하고자 하는 자료들을 상황에 맞게 순서에 따라 제시하는 것이 상식이다.

이러한 어순을 파괴하는 표현이 유머가 되는데, 여기에는 세 가지 유형이 있다.

**첫째, 순서를 뒤집는다.**

의도적으로 순서를 뒤집어 하는 말이 유머를 불러일으킬 수 있다.

A : 어제 종로에서 영미를 만나서 영화 보다가 숙제도 안 해 가지고 학교에 가서 졸다가 선생님한테 혼났어.
B : 어제 학교에 가서 숙제도 안 하고, 종로에서 졸면서 영화 보다가 영미가 선생님한테 혼났다고?

오늘날에는 인터넷이 발달함에 따라 인터넷상에서 유행하는 비문법적인 표기법이 광고 카피에도 종종 사용된다.

내 피부가 신호를 보냈다. 내 피부로 멜이 왔다. 피부와의 커뮤니케이션, 멜 - ME:LL(나드리)
추카추카(축하를 발음 나는 대로 표기) - 크라운 베이커리

**둘째, 반복한다. 했던 말을 반복하는 '수다스러움'이다.**

정상적으로 말할 때에는 될 수 있는 대로 같은 말을 반복하지 말고 간결하게 표현하여야 하는데, 유머는 이 원칙을 깨뜨리는 데서 오는 불일치에서도 웃음이 생겨난다.

(판사인 아버지가 어린 딸에게 귤 1개를 주며) 나 아버지는 사랑하는 딸 유미에게 이 귤에 귀속된 재산권, 이득권, 자격 및 청구권 일체와 이 귤의 껍질, 액즙, 과육, 알갱이와 함께 이 귤을 깨물거나 자르거나 기타 어떤 방법으로든지 먹을 수 있는 권리와 자격, 또한 이 귤을 타인에게 양도할 수 있는 권리를 준다.

반복은 웃음을 유발시키는 보편적 방법이며 언어유희의 또 다른 형태이다. 이러한 방법은 유머성 광고에도 많이 쓰인다.

① 갈빗살이 잘근잘근~ 찹쌀이 쫄깃쫄깃~ - 갈비경단(롯데햄)
② 더 깊숙하게, 더 편안하게 - 필립스
③ 그냥 뚜껑이 아닙니다. 그냥 유리가 아닙니다. - 파이렉스
④ 여름은 여자의 무대, 태양은 여자의 조명 - 신세계 백화점
⑤ 투명한 멋, 깨끗한 맛 - 파카글라스(두산테크팩)
⑥ 내 사랑만큼 큰 것이 있다. 내 꿈만큼 큰 것이 있다.
　　- 개벽 TV

반복하는 위트의 예를 들어보자.

지금은 삼성야구단 사장이 되었지만, 감독 시절 평소 과묵하기로 유명한 삼성 김응룡 감독이 경기를 앞두고 멋진 각오 한마디 부탁한다는 기자의 말에 "멋지게 생겼어야지 멋지게 대답하지."라고 말해 웃음을 유발했다고 한다.

셋째, 허를 찌른다.
보통 우리가 말할 때는 어떤 정보를 가지고 말한다는 것을 분명히 드러나도록 해야만 상대가 이해할 수가 있다. 그런데 유머에서는 오히려 정보를 가지고 유희를 할 수 있다.
일부러 정보를 감추고 모호한 표현들을 사용하다가 허를 찌르며 반격을 가함으로써 나타나는 불일치에서 놀람과 유머가 생겨난다.
이런 유머는 강렬한 인상을 주며 특정한 의미를 강조하고 생동감, 긴박감, 주의집중의 기능을 지닌다.

A : 이 과장님께서 어제 여자하고 밥 먹는 것 봤다!
B : 어머, 사모님이 그 사실을 아실까?
A : 물론이지. 그 여자가 사모님이었거든.

학창시절 하던 '연상퀴즈'를 떠올리게 하는 인물탐구가 기발하다. 스타의 이름을 생각지도 못한 방식으로 풀어내고 정답을 제시해 폭소를 자아낸다.

"앞으로 '김'을 가지고 하는 일에는 전혀 신경 안 쓴다."는 것이 의미하는 사람은? 답은 '김남일'이다.

요새는 말을 줄여서 하는 것이 유행이다. 여자친구를 '여친'으로 하는 것이 대표적인 예이다. 휴대전화기로 문자 메시지를 보낼 때 간략어를 사용하는 것이 일반화되어 있다. 이 용어들을 알아두어 적당한 때 쓰면 재미를 느낄 수 있다.

### 암시하라

상대에게 은근히 어떤 암시를 주고 나서 갑자기 엉뚱한 결말로 몰고 가는 것이다. 이처럼 어떤 상황을 이용하거나 혹은 표현에 담긴 뉘앙스를 이용해서 상대의 예측을 무너뜨리는 것도 흔히 쓰이는 방법이다.

이런 방법은 '성담(性談)'이라고 하는 Y담에서 특히 많이 쓰이는데, 효과를 높이려면 표정이나 어투 등을 상황에 맞게끔 최대한 실감나게 구사해야 한다.

갑순이가 새벽에 잠자리에서 남편을 졸랐다.
"자기야, 딱 한 번만."
"싫어! 한 번만 한 번만 한 게 벌써 몇 번째야?"
"정말로 딱 한 번만 더. 응?"
"글쎄, 안 된다니까. 나도 힘들단 말야."
"(울먹이며) 제발 한 번만 더요."
"정말 돌아가시겠네. 피곤하다는데 왜 자꾸 조르는 거야."
"(토라지며) 변했어. 신혼 때는 잘만 해주더니."

그 말에 갑돌이가 할 수 없다는 듯 몸을 일으키며 말한다.

"어휴, 지긋지긋해. 맨날 나보고만 연탄을 갈라니 이거야 원, 도무지 살 수가 있어야지."

이런 식의 대화를 들으면서 사람들이 처음에 무엇을 떠올릴지는 자명하다. 부부의 침실이라는 상황설정에 "한 번만 더"라는 표현이 곁들여지면 누구라도 뭔가 야릇하고 은밀한 상상을 하기 마련이다.

말하는 사람이 적당히 농염한 표정을 짓거나 나직한 말투를 쓰기라도 하면 그런 효과는 훨씬 커지게 된다. 하지만 사람들의 그 같은 연상은 다음 순간에 산산이 부서지고 만다. 이 부부의 대화는 섹스와는 아무런 관계가 없는 것이었기 때문이다.

언뜻 듣기엔 노골적인 이 표현들이 막판에 허무하게도(?) 연탄갈기 같은 자질구레한 일상으로 귀결될 때 사람들은 웃는다.

이때 크게 웃는 사람일수록 야한 상상을 했던 사람이라고 보면 아마 틀림없을 것이다. 필자의 경험으로는 이 얘기를 듣고 터뜨리는 웃음소리의 크기는 남자와 여자가 거의 막상막하였던 것 같다.

### 수다스러움을 보여라

사람들이 대화를 나눌 때에는 상대의 장점과 취지에 대한 감탄과 찬사를 아끼지 말아야 한다. 그러나 감탄과 탄복은 경쟁 사회에서 잊혀진 덕목이다. 이를 '과장' 해서 사용하라.

　가수 김흥국은 사소한 일에도 감동한 표정으로 과장하며 '으아~'를 연발한다. 따라서 김흥국의 '으아~'라는 감탄과 탄복은 남들이 인정해주고 감탄해주길 목말라하는 대중에게 은연중에 위로가 될 수 있다.
　김흥국이 히트작을 바꿨다. 가수이지만 그의 히트작은 노래가 아니라 유행어다. '으아~'라는 감탄사만으로 자신의 브랜드를 만들어낸 김흥국이 이제는 '들이댄다'를 유행시켰다.

" 맛 있 는 유 머

구소련에서 유행하던 많은 자조적인 유머 중에 이런 것이 있다. 어느 날 브레즈네프 서기장이 공장에 시찰을 갔는데, 어떤 여성근로자가 "서기장 동지, 질문이 하나 있습니다."라고 했다. 브레즈네프가 "말해보시오." 하니까, 그 여성근로자가 "사회주의는 과학입니까, 철학입니까?"라고 물었다고 한다. 브레즈네프가 "철학이지요." 하고 대답하자 그 여성근로자가 "그렇지요? 동료들이 자꾸 사회주의는 과학이라고 해서 제가 '과학이라면 동물들에게 먼저 실험을 해봤을 것 아니냐, 철학이다'라고 말해줬지요." 했다고 한다."

# The Art of Humorous Conversation

제5장 》》 유머 화술로
대화를 주도하는 방법

1 커뮤니케이션 스타일이 '이미지'를 만든다
2 능숙하게 대화하는 기술
3 말이 서툰 사람을 상대하는 기술

웃음은 서로의 감정을 솔직하게 만들고 마음의 벽을 허물어
상대방도 좋고 자신도 좋으며
서로의 마음을 편하게 해주기 때문에 문제해결에 효과가 탁월하다.

## 01
## 커뮤니케이션 스타일이 '이미지'를 만든다

### 이미지 선택권은 당신에게 있다

말하는 사람은 다른 사람들과 공통적인 '삶의 세계'를 공유하며, 일상에서 경험하는 상식의 세계를 공유할 수 있는 이야기로 구성하여 함께 나눈다.

사회생활에서는 항상 사람과 접할 기회가 많기 때문에, 인간관계를 잘하기 위해서는 커뮤니케이션 방법이 매우 중요하다.

사람마다 경험이 서로 다르고 성격 또한 다르기 때문에 각기 다른 커뮤니케이션 스타일이 있고, 그 차이로 인해서 오해와 갈등이 생겨나기도 한다.

상대방과 말할 때는 대화뿐 아니라 감정의 교류도 하게 된다. 쌍방이 좋은 감정을 갖지 못하면 대화가 잘 될 수 없다. 설득을 잘하는 사람은 이 부분을 잘 알고 있지만, 서툰 사람은 이것을 잘 모른다.

우리가 갈등을 풀어가는 데는 여러 가지 방법이 있다.

논리에 기초하여 상대방을 설득시키는 방법, 고압적인 자세로 힘을 이용하여 문제를 해결하는 방법, 감정에 호소하는 방법 등이 있다.

세 가지 방법 중에서 논리만 앞세우는 방법이나 힘에 의한 방법은 상대방에게 상처를 줄 수 있으며, 마음에 앙금을 남길 수 있는 여지가 많다.

그래도 우리들이 희망을 품을 수 있는 이유는 사람들이 때로는 거칠거나 반대로 부드러운 태도를 보이지만 그 이면에서는 한결같이 사랑과 우정, 인간애같은 감정을 나누고 싶어 하기 때문이다.

당신이 그들 마음속에 그러한 감정을 심어 줄 수 있다면 갈등은 오히려 결속을 다지는 계기가 될 것이다.

어차피 불가능한 상황이라면 얼굴을 붉히는 대신 유머를 활용해 보라. 때론 불가능을 가능으로 바꾸기도 할 것이다.

웃음은 서로의 감정을 솔직하게 만들고 마음의 벽을 허물어 상대방도 좋고 자신도 좋으며 서로의 마음을 편하게 해주기 때문에 문제해결에 효과가 탁월하다.

유머를 적절히 활용하는 대화에 능숙하게 되면 개성적인 표현을 하는 데에도 능숙하게 된다.

어떤 환경에서라도 개성이 있는 사람은 두드러지는 존재가 되고 주목받는 대상이 된다. 그러한 사람은 세상의 중심적 존재가 되어 주위를 이끌어 가는 리더십도 생기므로, 결과적으로 주변 사람들에게 좋은 이미지를 심어주고 인맥도 넓힐 수 있다.

사람이 겉보기와 얼마만큼 다를까? "저 친구는 잘 놀게 생겼어.", "저 여자 왕내숭이야." 그러면 대개 옆에서도 맞장구를 쳐준다. "그래, 대개 저런 타입이 그런 것 같아."

통계학적인 정확한 근거도 없는 이런 저런 선입관이 대개 그 사람의 첫인상으로 기억되곤 한다.

### 밸런스를 유지하라

세상에는 농담이 잘 통하지 않고 유머 감각도 그다지 없는 사람들이 있다. 성격이 나빠서라기보다 지나치게 성실해서 그렇게 보이는 경우가 많다. 이러한 사람은 커뮤니케이션을 실행하는 데 있어서는 손해보고 있다고 할 수 있다.

진지한 대화를 나눌 때는 그러한 성격도 좋을 것이다. 그러나 좀더 낙천적인 생각으로 여유를 가지고 이야기를 하는 것이 좋다. 그러다 보면 언젠가는 능숙한 커뮤니케이션이 가능하게 될 것이다.

또한 세상에는 웃을 만한 화제에는 적극적으로 참가하지만, 진지한 이야기가 시작되면 갑자기 입을 다물어버리는 사람들도 있다.

"가뜩이나 골치 아픈데, 즐겁지 않은 이야기는 하고 싶지 않다."라고 하는 사람도 있는가 하면, 심지어 "진지한 토론에서는 심한 언쟁이 오가다가 불쾌한 기분이 드는 경우도 있어서 이야기하지 않는다."라고 하는 사람들이 있다.

이들도 마찬가지로 커뮤니케이션을 실행하는 데 있어서는 손해보고 있는 것이다. 평상시부터 즐거운 화제를 입에 달고 다니는 사람은 부드러운 이미지가 만들어져 이야기하기 쉽고 호감을 갖게 할 수 있다.

사람은 자신의 고민이나 의견을 나눌 때 '이 사람은 이런 생각을 가지고 있다.' 라고 자신을 드러내는 사람에게는 마음을 열고 상대방도 자신의 의견을 말하면서 서로 이해의 폭을 넓히게 된다.

그러나 아무리 겉으로는 즐거운 이야기를 하고 있어도, 그것만으로는 그 사람의 본심을 알 수 없기 때문에 경계하게 된다.

직장에서 평상시에는 가벼운 이야기만 하는 사람이 중요한 사안에는 자신의 의견을 분명히 말하는 것을 보면, '이 사람은 절도가 있는 사람이다!' 라는 눈으로 다시 생각하게 되며, 그에 대한 인간적인 평가도 좋아지기 마련이다.

결론적으로 평상시의 대화에서는 모두가 웃을 만한 즐거운 대화를, 그리고 정확한 의견이 필요한 상황에서는 진지하게 논리적으로 이야기 하는 '밸런스' 가 중요하다는 것을 잊지 말자.

### 열정을 가져라

아주 어렵거나 민감한 주제를 가지고 다른 사람과 논의를 할 때 정확히 무엇을 이야기할 것인지, 대화를 어떻게 진행할 것인지 미리 계획을 세워 본 적이 있는가?

대화가 항상 계획했던 대로 진행되는 일은 거의 없지만, 계획과 구상은 필요하다. 대화는 서로의 감정과 대응에 따라 변하기 때문이다.

무엇보다도 중요한 것은 자신의 의견을 제대로 피력하는 것이다. 주위 사람의 의견에 좌우되면 이야기의 신뢰성이 떨어진다.

어떤 상황이라도 자신의 의견을 분명히 말할 수 있는 사람은 매우 당당하게 보여 듣는 사람들도 파워를 느끼고 무의식 중에 주목하는 경우가 많다.

그리고 서로간에 나누는 대화를 즐겁게 느끼도록 만드는 것이다. 마치 정말 친한 친구를 대하는 것처럼 스스럼없이 대하도록 한다. 그리고 그 이야기의 내용은 비록 비즈니스 상으로 만났더라도 유머가 있는 화제를 꺼내거나, 어떤 화제라도 보다 재미있는 방향으로 분위기를 이끌어가는 것이 좋다.

그러면서 넌지시 용건을 가볍게 꺼내면 딱딱한 이야기 뒤에 일종의 청량제 역할도 하면서 설득하기도 쉬워진다.

상대의 관심사에 대해 위트를 섞어 질문을 던지고, 코믹하게 감탄사를 넣으며 답하도록 한다. 예를 들면 상대의 말이 신선하면 "정말 쿨(Cool)한데요.", 맞는다면 "딱이네요." 등과 같이 재미있게 표현하도록 한다. 그러면 열정적이고 유머러스한 모습이 전염되어 즐거운 대화가 될 것이다.

맛있는유머

## 회복의 증거

축농증이 심해 입원한 환자의 얼굴 왼쪽 부분 전체가 퉁퉁 부어 있었다. 입원한 지 사흘째 되는 날 간호사가 마침내 회복되고 있다고 했다.
"봐요, 당신의 주름살이 펴지고 있어요."

## 02 능숙하게 대화하는 기술

**조금 생각해서 이야기 하라**

사람을 웃기는 기술이란, 웃음의 센스나 테크닉만을 말하는 것이 아니다. 상대에게 이야기의 재미를 100% 전하려고 생각한다면 표면적인 테크닉보다 우선 '자신의 성격이나 낙천적인 이미지를 심어주는 커뮤니케이션 방법'을 익히지 않으면 안 된다.

노무현 대통령은 취임 2주년을 맞아 국회의사당을 방문해 국정연설을 모두 마친 뒤 한나라당 의원석을 향해 연설문에도 없는 즉석 유머를 구사했다.

"선진한국이라는 단어를 놓고 한나라당 의원들께서 표절을 했다고 하는데, 제가 과문해서인지 미처 몰랐습니다. 하지만 우연히 일치해서 함께 사용하게 된 것을 다행이라고 생각합니다. 사실에 대한 증명자료를 제출하면 로열티를 지불하는 방향으로 하겠습니다."

노무현 대통령의 이 같은 '립 서비스'에 한나라당 일부 의원들이 박수로 환영을 표했고, 여기저기서 웃음이 쏟아졌다. 야당 대표도 이때는 박수를 잊지 않았다.

노무현 대통령의 유머가 통했는지 입장 때에는 환영하지 않던 한나라당 의원들도 퇴장 때에는 좀 더 많은 의원들이 박수로 대통령을 환송했다고 한다.

유머 화술은 '자신의 이미지를 크게 좌우하는 표현방법'이므로 기술이 좋다면 당신에 대한 평가는 높아지고, 나쁘면 낮아지는 것이다.

평상시는 그다지 자신의 말투를 의식하고 있지 않는 사람들도 많다. 예를 들어 사람과 이야기 할 때, 말의 부적절한 사용법으로 오해를 낳아 험악한 분위기가 되고마는 경우도 적지는 않다. 특히 대화가 서툰 사람은 상대를 불필요하게 화나게 만드는 행동을 취하기 십상이다.

그러나 "조금 더 생각해서 이야기한다."는 태도로도 큰 이점을 갖을 수 있다. 이렇게 하고 사전에 상대의 기분이나, 오해를 부르는 표현 등을 이해하고 있으면 트러블을 미리 막을 수 있고, 만일 트러블이 생겨도 능숙하게 대처할 수 있게 된다.

효과적인 대화방법에서 처음에 신경써야 하는 것은 대화를 하기 위한 분위기 만들기이다. 무표정한 얼굴로 용건만 얘기하는 것을 보면 터무니없을 정도로 어색해 보일 것이다.

서로에게 악의도 없으면서 빙산으로 둘러싸인 남극과 북극에서 대화를 나누는 것 같이 여겨지지 않겠는가?

대화의 내용이 같아도 대화를 하는 분위기에 의해 결과는 바뀔 수 있다.

식사를 하면서 비즈니스 상담을 실시하는 경우가 있는데, 이것도 즐거운 분위기를 만들어가면서 일의 성사를 높이려는 의도가 있는 것이다.

### 상대를 자세히 관찰하라

동성이나 이성을 막론하고 사람들에게 인기 있는 사람을 보면 예의 바르면서 부드럽고 상냥한 사람들이 대부분이다. 그러한 말투로부터 밝고 쉽게 친숙해지는 인상을 받기 때문이다.

그런 사람은 자연스런 대화에서도 약간의 유머를 발휘하는 경우가 많기 때문에 상대를 이야기 속에 빠져들게 하며 결과적으로 이성에게도 사랑받게 된다.

일상 대화에서 유머를 구사하려면 웃음의 기본적 기술의 하나이기도 한 '통찰력'이 필요하다는 사실은 앞에서도 지적한 바 있다.

왜냐하면 일상 대화에서는 친밀한 사물이나 체험담을 이야기하는 것으로, 웃음이 일어나는 경우가 매우 많기 때문이다.

### 통찰력이 있는 사람은 관점도 다르다

사물을 세세하게 관찰해 그것에 대한 조크를 말하거나 위트를 말하거나 하는 것으로 웃음을 유발한다.

연인 관계에서 통찰력이 있는 사람은 상대의 어떤 일에 대해서도 관심을 갖고 이를 이용하여 호감을 얻는다.

예를 들면, "A씨는 영화를 좋아한다.", "A씨는 외로울 때 애완동물에게 말을 건넨다.", "A씨는 최근에 머리 모양을 바꾸었다." 등 그 사람에 관한 여러 가지 일에 많은 관심을 갖고 이를 반드시 표현해준다.

이러한 행동은, 상대에게는 '나에게 매우 관심이 있다!' 라고 느껴져 매우 기쁜 일이 된다.

평소부터 정보를 수집해 두면 나중에 있을 대화에서도 큰 도움이 된다. 예를 들면, 'A씨는 낚시가 취미' 라고 하는 정보를 얻었다고 하자.

그리고 후일, A씨와 만났을 때에 "A씨! 어제 월척 많이 낚았어? 낚시실력이 좋다면서" 하고 농담을 한다. 그러면 상대는 그 농담에 웃어버리는 동시에 '내가 낚시를 좋아하는 것을 어떻게 알았지!' 하며, 상대에 대해서 호의적인 감정을 갖는 것이다.

방송국에 취직한 아들을 둔 어머니에게 옆집 아주머니가 물었다.

"라디오 프로그램을 맡아 진행하는 아들을 둔 느낌이 어떠세요?"

"참 좋죠. 아들의 입을 내 마음대로 열었다 닫았다 할 수 있게 됐으니 얼마나 좋아요."라고 어머니가 대답했다.

사람은 누구나 자기 자신에게 관심이 있다. 그리고 타인이 보는 자신을 의식해, '조금이라도 잘 보이고 싶다!' 라는 생각을 가지고 있다.

그 때문에, 자신에게 관심을 갖는 사람에 대해서는 '나를 인정해 주고 있다!' 라고 느껴 신뢰하게 된다.

반대로, 대화가 서툰 사람은 어떤 사람일까?

대화가 서툰 사람은 상대보다 자신에게 흥미있는 화제를 중심으로 이야기하고 싶어 한다.

자신이 잘 알고 있는 분야의 이야기나 그 분야에서 공적을 올린 것 등을 이야기해, '자신이 얼마나 훌륭한 인간인가' 를 어필하지만, 오히려 역효과가 나는 경우가 많다. 그것은 자신을 자랑하는 것이 되기 때문이다.

확실히 자신이 좋아하는 이야기를 하는 것은 즐거운 일이지만, 상대에게는 전혀 재미없는 이야기가 되는 경우도 많다.

상대의 관심을 받고 싶다면, 우선 상대를 기쁘게 하는 대화를 하지 않으면 안 된다.

이를 위해서는 우선 자신으로부터 상대에게 관심을 돌려 상대의 인상이나 복장, 분위기 등 흥미를 끌 수 있는 화제를 중심으로 이야기를 해야 한다.

그렇다면 자신의 이야기를 하고 싶은 경우에 어떻게 하면 좋을까?

그럴 경우에는 상대의 화제 속에 은근히 자신의 얘기를 넣어 상대의 반응이 나쁘면 곧 멈추도록 한다. 이때는 항상 상대의 반응을 의식하면서 이야기하는 것이 중요하다.

예외적으로, 벌써 상대가 당신에 대해서 호의를 갖고 있다면 보통 자신의 이야기를 해도 전혀 문제는 없다. 그것은 당신 자신이 벌써 상대에게 관심이 있는 화제가 되어 있기 때문이다.

말의 선택권은 당신에게 있다.

요컨대 커뮤니케이션에서 통찰력은 사람을 웃기기 위해서도 상대의 관심을 불러일으키기 위해서도 꼭 갖추어야 할 능력이다. 다시 말해 상대방의 장점을 발견해 칭찬해 주면 좋은 관계는 저절로 형성된다.

배우 출신인 미국의 레이건 전 대통령은 유머 감각을 중요한 무기로 사용할 줄 아는 정치인이었다.

레이건은 토머스 오닐 하원의장과 댄 로스텐코스키 등 정치적 견해가 다른 민주당 인사들과도 스스럼없이 잘 어울렸다. 이들은 적이지만 서로 존경했고, 항상 공격을 멈춰야 할 때를 알고 있었다.

오닐 의장의 일흔 번째 생일 때는 관저에 초대해 식사를 마친 후 레이건은 이렇게 얘기했다.

"만약 내가 천국으로 가는 차표를 갖고 있고 당신이 갖고 있지 않다면, 내 차표를 팔아버리고 당신을 따라 지옥으로 가겠소."

상대가 감동한 것은 당연하다. 그는 조지 워싱턴, 에이브러햄 링컨과 함께 미국 역사상 가장 위대한 대통령 중 한 사람으로 손꼽히고 있다.

### 결코 침묵하지 말라

대화가 서툰 사람은 아무래도 이야기를 중단시키는 실수를 범하기 쉽고, 이야기가 중단된 경우에도 자연스런 대화로 이끌지 못해 상대에게 나쁜 인상을 주는 잘못을 범하게 된다.

상대의 말로부터 무엇인가 이야기를 시작할 수 있었을 때에, "그렇네요…."라고만 불쑥 말하고 난 뒤에 거북한 침묵이 흐른 채로 있는 것이다.

침묵은 때로는 숨막히도록 무거운 분위기를 만든다. 이러한 분위기에서는 좋은 커뮤니케이션이 이루어질 수가 없다.

모 프로그램의 사회자는 "토크 프로그램을 잘 진행하는 비결은 무엇입니까?"라는 질문에 대해서 "어쨌든 말하는 것!"이라고 대답한다. 내용이 시시해도, 유머가 효과가 없더라도, 어쨌든 침묵을 만들지 않는 것이 중요하다.

상대방과 같이 꿀 먹은 벙어리가 되지 말라!

만일 재미있는 재료가 없더라도 생각나는 대로 조크를 하면 적어도 즐거운 분위기로 대화를 할 수 있고 자연히 웃음은 넘쳐 흐른다. 그러한 상황을 만들기 위해서는 우선 이야기를 계속하는 것이다.

그 때문에 조크가 효과 없어도 "썰렁하죠!" 등의 말과 웃음이란 윤활유를 넣으면 얼음이 녹듯이 웃음이 피어난다.

### 말을 이어가도록 노력하라

이야기는 꼬리에 꼬리를 달아야 한다. 예를 들어보자.

만일 "탤런트 A군은 멋져요." 하면서 상대가 화제를 꺼냈다고 가정해 보자.

그 말에 대해 "응, 사실 멋져요. 그런데 A군도 좋지만, B군도 멋져요." 처럼 돌려줄 수 있으면 이야기를 계속하는 것이 쉽다.

한층 더 여유가 있을 때, 다음과 같은 내용으로 넓혀 갈 수 있다면 대화는 보다 즐거워질 것이다.

"A군 말이야, A군이 나오는 ○○연속극을 보면서 요리하고 있으면, 나도 모르게 부엌칼로 손가락을 자를까봐 걱정이 된다니까!"

"그거 큰일이네. 그렇지만 나도 A군을 생각하면서 요리하면 무심코 된장국 안에 딸기를 넣을 것 같아요. 탕수육에 파인애플이 들어가 있을 정도니까, 비슷한 것이지만요."

"그거 전혀 비슷하지 않아요. 와하하하⋯."

이야기를 계속한다고 하는 의미에서는 쑥덕공론도 도움이

되는 부분이 많다.

얼핏 '아무래도 쓸데없는 이야기는 자주 해서는 안 된다.' 고 생각할지도 모르지만, 그 정도 되받아 칠 수 있는 기술이 없으면 이야기를 북돋는 것은 어려워진다.

우리들 중에는 '성격적으로 내성적이어서 능숙하게 이야기 할 수 없다.' 고 생각하는 사람도 있다. 당신이 그렇다면 그런 습관적인 생각의 함정에서 일단 벗어나야 한다.

이야기하는 것이 서투르기 때문에 회피하고 있다면, 자신에게 악의가 없어도 상대에게는 '이 사람하고는 이야기하기 힘든데 혹시 나를 싫어하고 있는 것일까?' 라고 오해를 불러 일으키게 된다. 그러면 상대에게 나쁜 이미지를 주는 셈이 된다.

굳이 이렇다 할 만한 이야기가 없어도 적당한 화제를 찾아 내 적극적으로 자신이 먼저 이야기를 시작하는 노력이 필요하다.

그러한 사람은 따로 무리해 재미있는 유머를 말하지 않아도 괜찮기 때문에, 처음에는 '웃는 얼굴로 조금이라도 길게 이야기를 계속해보자.' 라고 생각하는 것이 좋다.

맛 있 는 유 머

## 말 젖짜기

로라 부시 여사가 백악관 출입기자단 연례 만찬에서 "부시 대통령은 크로포드 목장에 자주 가지만 사실 목장일에 대해서는 거의 모른다. 언젠가 그가 말 젖을 짜려고 했는데 그 말은 수놈이었다."

## 03 말이 서툰 사람을 상대하는 기술

**개방적 질문을 하라**

그럼 반대로, 이야기하는 것이 서툰 사람을 상대로 하는 경우는 어떻게 하면 좋을까?

서툰 사람은 아무래도 "네."라든지 "그러네요."라고 대답하는 것만으로, 바로 이야기를 자르는 경우가 많다. 이쪽이 아무리 이야기를 펼쳐놓아도 화제가 꽃을 피우지 못하고, 흐름도 자연스럽지 못하다.

'어색함 깨기'는 누구에게나 중요한 과제다.

우리 사회에서 술을 거부하는 것은 쉽지 않다. 모두 '위하여' 하는데 혼자만 '위하지 않는' 사람이 된다는 것은 두려운 일이다. 폭탄주 예찬론자들은 어색함을 깨는 데 폭탄주가 특효라고 말한다.

폭탄주 자리에서는 고상한 생각이나 대화가 별로 필요 없기 때문이다. 술잔이 몇 번 돌면 어느새 '하나'가 되기 때문이다.

미국의 로펌(법률회사)들은 로스쿨 학생들을 대상으로 '아이스 브레이킹 파티(Ice Breaking Party)'를 연다. 말 그대로 '어색함 깨기 파티'이다. 파티에 초대받은 학생들은 로펌 간부들을 한 사람씩 찾아가 자기소개를 하고 대화를 한다. 간부들은 학생들이 어떻게 부드럽게 분위기와 대화를 이끌어 가는지 눈여겨본 뒤 채용 여부를 결정한다.

이 과정은 로스쿨 공부보다 훨씬 어렵다고 한다. 교양과 겸손, 유머 등이 없으면 좋은 평가를 받기 어렵다고 한다.

상대에게 친근한 대우를 받는 사람 중 어떤 사람은 분명 상대의 감정을 느끼면서도 자신의 감정을 내색하지 않는 사람도 있다. 그는 기계적인 방어수단을 취하고 의미 없는 몇 마디의 말을 중얼거릴 뿐이다.

그것을 막기 위한 테크닉 중 하나가 '네, 아니오'라고 대답할 수 없는 질문, 즉 개방적 질문을 하는 방법이 있다.

예를 들면, "좋아하는 영화는 어떤 장르야?"라든지, "휴일에는 무얼 하며 지내?" 등이다. 이러한 질문이라면 상대는 싫어도 무엇인가 대답하지 않을 수 없다.

만일 "SF 영화가 좋아."라는 대답이 있으면, 그 다음에는 "어떤 SF 영화를 좋아해?", "그 영화에서 그 장면은 참 좋지요!", "그 배우는 별로인 영화에도 출연했었지." 등 얼마든지 화제를 넓힐 수가 있다.

또 1개의 화제에 집중해 대화하고 있으므로 흐름도 자연스럽고 분위기가 무거워지는 일이 없게 된다.

어떤 상대하고도 이야기할 수 있게 되려면, 이러한 '상대로부터 이야기를 끌어내는 테크닉'을 능숙하게 활용할 필요가 있다. 그리고는 상대의 반응을 보면서, 흥미를 일으키는 화제를 찾아 그것을 중심으로 이야기를 넓혀 간다.

대화가 무르익게 하기 위해서는 우선 많은 화제로 조금이라도 길게 이야기할 수 있도록 노력해 보라.
만일, 이야기하는 것이 서툴러도 열심히 노력하고 있으면 상대에게도 그 기분이 전해져 반드시 친절한 반응이 나올 것이다.

### 상대의 페이스에 맞추어라

'어떻게 하면 다른 사람의 관심을 끄는 첫인상을 만들 수 있을까?' 이것은 사람이라면 누구나 고심하는 문제이다.
처음 만나는 사람이라면 서로가 서먹서먹할 수밖에 없다. 사람들 중에는 무슨 말을 해야 할지 몰라 그저 땅이나 다른 곳을 쳐다보거나 상대의 시선을 피하는 사람도 있다.
그렇다고 당신도 조심스러워 하는 나머지 표정과 말투가 차가워서는 안 된다. 겉으로 보기에 마음이 언짢은 듯이 보여서도 안 된다.
누군가와 대화를 하고 싶으면 미소를 지으며 눈을 맞추라. 그리고 당신에게 마음을 열 수 있도록 서로를 알 수 있는 기회를 마련하라. 사람들은 안정되고 자유로운 느낌, 행복감을 주는 사람에게 끌린다.

한국축구대표팀의 전(前) 사령탑인 조 본프레레 감독이 선수들과의 첫 대면부터 거스 히딩크 전 감독 못지 않은 재치 있는 입담으로 화제를 모았다.

선수들과 처음 만난 자리에서 그는 일일이 자신의 이름을 소개하는 선수들에게 "돌아서고 나면 바로 잊어버리겠지만 너무 섭섭해하지 말라."며 "나이지리아에선 처음에 선수들이 온통 까맣고, 웃으면 이만 하얗게 보였는데 결국 나중에는 다 친해졌다."고 농담을 던졌다. 순간 첫 대면이라 다소 딱딱하던 분위기가 단번에 부드러워졌다.

본프레레의 입담은 여기서 그치지 않았다. 안정환이 부상으로 훈련이 힘들다고 얘기하자 "그러면 집에 가서 부인에게 키스하고 휴식한 뒤 내일 12시까지 돌아오라."고 재치있게 대답했다고 한다.

말할 필요도 없이 대화는 '상대를 얼마나 편안하게 하고 즐겁게 할까'가 관건이다. 상대를 경계하는 초조한 분위기로는 이야기를 하고 있어도 위화감만 생기게 된다.

상대를 편안하게 만드는 방법은 많이 있다. 그중에서도 행동, 말의 스피드 등을 상대에게 맞추는 '신크로시니(흉내를 낸다)' 방법은 상대를 편안하게 만드는 효과가 있다.

그 중의 하나가 '내용도, 페이스도 상대에 맞추어 이야기한다'라고 하는 것이다. 누구라도 자신이 좋아하는 화제, 흥미가 있는 화제에는 매력을 느끼고 즐거워 한다.

그 때문에 상대의 반응을 보면서 흥미가 있는 화제를 뒤져 자신이 좋아하는 화제보다 상대가 좋아하는 화제를 중심으로 이야기하는 것이다. 자신이 좋아하는 이야기를 전혀 하지 말라고 하는 것은 아니지만, 능숙한 회화의 기본은 상대를 배려하는 것이 우선이다.

그다지 안면이 없는 사람에게는 '이 사람은 이야기하기 쉬운 사람이다!' 라고 하는 인상을 줄 필요가 있기 때문에, 우선은 상대가 좋아하는 화제로 긴장을 푼다. 자신이 좋아하는 화제는 서두르지 않고, 어느 정도 사이가 막역해진 후 천천히 이야기하도록 한다.

다만, 상대가 좋아하는 화제를 자신이 전혀 모르는 경우도 있을 것이다. 그때는 웃으면서 겸손하고 솔직하게 물어도 괜찮다.

그럴 때 상대는 싫어하기는커녕, 오히려 '흥미를 가져 주고 있네!' 라고 생각해 친절하게 가르쳐 줄 것이다.

### 서포트 하면서 들어라

상대가 이야기를 하고 있을 때는, 제대로 맞장구를 치면서 들어주는 일도 소중하다. 그렇게 하는 것으로, 상대는 '진지하게 이야기를 들어주고 있다.' 라고 느껴 안심하고 대화를 계속되는 것이다.

물론 상대에게 무엇이 좋은가 헤아려 보는 것도 중요하지만, 이야기의 주도권을 양보하는 일도 중요하다.

사람이 자발적으로 말을 할 수 있게 하기 위한 방법 중 하나로, 상대가 그러한 행동을 취할 수 있도록 서포터의 입장에서 듣는 것이 좋다.

그 테크닉을 몇 가지 소개하면 다음과 같다.

① 맞장구를 치거나 상대의 말을 반복해 말한다. 이것은 상대의 이야기를 진지하게 듣고 있다는 것을 간접적으로 표현하는 방법이다.
② 소리의 크기, 동작 등을 상대에 맞추는 것으로 안도감을 준다.
③ 조금이라도 좋다고 생각했던 것은 솔직하게 칭찬하면서 상대가 자신의 본심을 더 많이 이야기할 수 있는 상황을 만든다.
④ 상대가 "네." 또는 "아니오."로 대답할 수 있는 질문이 아니라 자유롭게 생각해 대답할 수 있는 질문을 한다. 이것은 상대의 자발적인 행동을 유도하는 방법이다.

사람은 진심으로 안심하고 이야기할 수 있는 상황이 되면, 잇달아 새로운 상상력과 아이디어가 떠오르게 된다. 상대를 편하게 만들어라. 웃으면서 말이다. 그리고 관심이 있다는 표현을 적절하게 사용하라.

그리고 그러한 연상을 반복하고 있는 동안에 자연히 발상의 전환이 일어나 어드바이스가 없더라도 스스로 대답을 하고 말이 많아지게 된다. 이 점을 생각하면서 상대방이 말하는 동안 적절한 맞장구를 쳐라.

> **맛|있|는|유|머**
>
> ## 허무수수께끼
>
> 나 : 『콩쥐팥쥐전』에서 깨진 독을 수리해야 하는데 누가 나 타날까?
> 친구 : 넌 책도 안 읽었냐? 두꺼비잖아.
> 나 : 바보. 독수리 오형제야!!

## The Art of Humorous Conversation

제6장 **효과적으로 웃기는
테크닉 활용**

1 좋은 표정으로 릴랙스 무드를 연출하자!
2 효과적인 유머 전달 방법
3 웃음에도 윤리가 있다
4 상대 눈높이에 맞게 유머를 구사하라
5 스핀을 걸어라

유머의 원천은 기쁨이 아니라 슬픔이다.
천국에는 유머가 존재하지 않는다.
- 마크트웨인 -

## 01 좋은표정으로 릴랙스 무드를 연출하자!

**미소의 커뮤니케이션**

처음 만나는 사람이나 존경하는 사람, 동경하는 사람 그리고 좋아하는 이성 앞에서는 긴장한 나머지 얼굴이 굳어져 능숙하게 이야기할 수 없었던 경험은 누구나 갖고 있을 것이다.

예를 들어 '석고상'과 잘 대화할 수 있겠는가?

이쪽의 표정이 굳어지게 되면 상대도 그것을 알아차려 거북하다고 생각한다. 마음속으로는 상대를 나쁘다고 생각하지 않았는데, 표정이 어두웠던 탓으로 오해받는 일도 있다.

우리의 일상 대화에서는 웃으면서 즐겁게 이야기를 주고받는 것은 매우 중요하고 빠뜨릴 수 없는 것이다.

얼굴은 희로애락을 나타내는 거울과 같으며, 마음과 감정을 표시하는 스크린과 같다.

언제나 상냥한 미소를 잘 짓는 '일본인'의 미소는 엄격한 처세술의 원칙을 따르는 데서 나온다고 한다.

미소는 여유와 반가움, 푸근함, 친밀감 등 네 가지의 강력한 힘을 상대에게 보여준다.

유머와 웃음은 따뜻한 대화를 주고받는 데에도 도움이 된다.

환자는 의사나 간호사의 미소에 위로나 격려를 받는다고 한다. 환자는 별로 말을 주고받지 않아도 웃는 얼굴에 의해 기운을 북돋울 수 있다.

꼭 환자만은 아니다. 우리 모두가 그렇다. 이것이 바로 무언(無言)의 커뮤니케이션이다.

인상쓴 얼굴이라면 노(No) 커뮤니케이션이다. 마치 차가운 벽을 마주보고 있는 것과 같다. 그렇지만 조금이라도 싱글벙글 하면, 이것은 기분이 좋은 무언의 커뮤니케이션이 된다. 그러니까 웃는 얼굴에 의한 무언의 커뮤니케이션을 소중히 해야 한다.

지금은 권좌에서 물러난 중국의 장쩌민(江澤民) 전 국가주석의 별명은 '하오하오 선생(好好先生)'이다. 무슨 일이든, 누구에게든 "좋아(好), 좋아." 하며 웃는 낯으로 대한다는 것에서 나온 말이다. 이 별명은 그를 중국 권력층의 최고 자리로 이끈 중요한 요소이다.

21세기에 성공하려면 두 가지 조건이 있어야 한다고 한다. 첫째는 물론 실력이다. 그리고 다른 하나가 바로 좋은 이미지라고 한다.

우리 주변에 성공한 사람들을 보면 표정이 밝다. 자신감이 표정에 담겨 있기 때문이다. 그렇다 보니 상대에게 좋은 인상 또는 이미지를 심어 준다. 좋은 이미지를 주는 사람들의 특징을 보면 무엇보다 하얀 이를 드러내면서 잘 웃는다는 것이다.

미소는 개인적으로 즐거운 감정의 표현이지만 동시에 그 미소는 상대방에게 즐거움을 선사한다. 또한 미소를 띤 얼굴은 이미지를 좋게 하여 사회적인 성공에도 큰 기여를 한다.

국내 어느 그룹은 회사에 입사를 하면 맨 먼저 하얀 이를 멋지게 드러내며 웃는 연습을 시킨다고 한다. 매일 거울을 보고 웃는 연습을 50번씩 하도록 해 늘 웃는 표정을 짓도록 한다고 한다.

세계 일류 기업들은 유머 감각이 풍부하고 잘 웃는 사원을 선호한다. 그 이유는 스스로도 잘 웃고 다른 사람의 웃음도 쉽게 끌어내는 사람이 매사에 사람들의 지지와 협력을 잘 이끌어 내어 업무를 효율적으로 처리할 수 있기 때문이다.

심지어 미국 오클라호마의 한 병원에서는 수간호사가 늘 큰 타월을 가지고 다닌다고 한다. 그 이유는 '근무시간 중에는 웃으시오' 하는 슬로건을 실천하기 위해 간호사들과 함께 물총을 쏘는 장난을 하기 때문이다.

남녀관계에서도 유머 감각이 풍부하고 잘 웃는 사람이 좋은 배우자를 만날 수 있다. 그 이유는 그러한 사람과 맺어질 때 가정생활이 원만하게 유지되고 안정적인 자신의 유전자를 전달할 수 있기 때문이라고 한다.

웃음에도 노력과 연구가 필요하다. 어떻게 웃어야 하는지 연구해 보고, 과연 어떻게 웃는 것이 더 보기 좋은지 비교해 보자.

우리나라 모 치과대학에서 미소의 '심미성'에 관한 연구를 위하여 남녀 학생을 대상으로 웃는 얼굴의 전면 사진을 찍어 치과의사 5명과 미대교수 5명이 평가를 하였다고 한다.
그 연구 결과, 윗니 12개가 모두 드러나도록 활짝 웃는 미소가 가장 아름다웠다고 한다.
구체적으로 알아보면 윗입술이 잇몸선에 위치하고, 입꼬리가 위로 향하고, 아랫입술과 윗니의 끝 부분이 평행하며, 아랫입술이 위의 치아를 덮지 않고 6번째 치아인 제1대구치까지 보이도록 웃을 때가 가장 아름다웠다고 한다.

우리는 과연 하루에 몇 번이나 웃으며 살까?
아이들은 하루에 300~400번 정도 웃는다고 한다. 하지만 어른들은 하루에 겨우 5~6번 정도밖에 웃지 않는다고 한다.
웃는 연습을 하자. 아침, 사람을 만나기 전에, 잠시만 얼굴을 거울로 확인하자. 커뮤니케이션에 긍정적인 힘을 발휘하는 밝은 얼굴인가 어떤가를 우선 스스로 확인하는 좋은 방법이다.
밝은 미소는 무엇보다도 나의 따뜻한 마음을 상대에게 전하는 데 효과적인 수단이다.

### 유머를 할 때에는 나중에 웃어라

유머의 재미는 역할 속의 인물이 시치미를 떼고 '어처구니 없는 것을 진심으로 행하고 있는 광경'에 있다. 당연히 그것은 연기로 하고 있는 것이지만, 정작 본인은 매우 진지하게 그 역할에 최선을 다하고 있는 것이다.

사람을 웃기려면 화제가 좋아야 할 뿐만 아니라 그것을 얼마나 능숙하게 표현하느냐가 또한 중요하다.

일상 대화도 그렇지만 말투라고 하는 것은 사람마다 시선, 행동, 표정, 표현, 말의 톤, 말하는 빈도 등이 다르다. 그것에 따라 상대에게 주는 이미지가 바뀌는 것이지만, 여기에서는 표정에 대해서만 생각해 보자.

웃음 재료를 말하는 사람이 듣는 사람보다 먼저 웃어서는 안 된다. 자신이 말하고 자신이 먼저 웃어버리면 주위 분위기는 가라앉고 만다.

물론 웃음이 좋지 않은 것은 아니다. 어디까지나 도를 넘어서지 않고, 장면을 생각한 웃음이라면 반대로 웃음을 권하는 수단으로 이용하면 된다.

분별없이 웃음보를 먼저 터뜨리는 것은 유머의 효과를 반감시킬 수 있다. 듣는 사람이 스스로 느끼고 웃도록 하는 것이 가장 좋은 방법이다. 정작 말하는 이는 짐짓 진지한 태도인데 듣는 이들이 웃음을 참지 못하는 상태가 가장 이상적인 모습이다.

> **맛있는유머**
>
> ### 일주일 동안 웃으며 사는 방법
>
> 월요일은 원래 웃고,
> 화요일은 화사하게 웃고,
> 수요일은 수수하게 웃고,
> 목요일은 목숨 걸고 웃고,
> 금요일은 금방 웃고 또 웃고,
> 토요일은 토실토실 웃고,
> 일요일은 일어나자마자 웃자.

## 02 효과적인 유머 전달 방법

### 실패를 두려워 마라

처음에는 유머를 말하여도 상대를 웃기는 데 많은 실패를 경험한다. 그러나 실패에서 탈출하는 경험은 확실히 자신의 입장이 되어, 그러한 상황이 되어도 스스럼없이 대응을 할 수 있게 된다.

유머 재료의 소재를 살려, '어떻게 하면 상대를 웃길까?'라고 생각하는 것도 중요하지만 아무리 기술을 닦아도 실패는 누구라도 할 수 있기 때문에 체면 유지에 신경 쓰지 말고 적극적으로 표현하라. 하나의 유머를 들으면 다섯 사람에게 말해야 비로소 자기 것이 된다. 소위 1:5의 법칙이다.

무엇보다 분위기를 즐겁게 하려는 자세가 중요하지만, 그보다 유머 2~3개를 머릿속에 입력해 두면 훨씬 유익하다. 평상시부터 유머 화술에 익숙한 사람이라면 잘 알고 있겠지만, 여러 가지 요소가 잘 짜이고 합쳐져야 사람을 웃기는 위력을 발휘하게 된다.

- 재료 자체의 재미는 어떤가?
- 그것을 어떻게 표현해 나갈까?
- 그 자리의 분위기나 상황은?
- 이야기를 듣는 상대의 취향은?

재료의 내용과 표현 모두 완벽했는데 단지 장소의 분위기에 맞지 않고 상대가 전혀 받아들이지 않는 경우라면, 상대와 코드가 맞지 않는다는 이야기가 될 수도 있다.

여러분 주위에도 별 어려움 없이 유머러스하게 말하는 사람이 있을 것이다. 잘 관찰해 보라. 그러한 사람은 웃기는 데 실패해도 침울해 하지 않고, 반대로 "괜찮았지?" 또는 "와, 썰렁하네!" 하며 웃어 넘긴다.

그것은 수줍어하고 은폐하려는 의미도 다소는 있지만, 그것보다 '자신이 침울해 하면 분위기가 가라앉는다'는 것을 알고 있기 때문에 그것을 염려하고 있는 것이다.

하지만 상대는 오히려 약간의 더듬거림에 친근감을 느끼고 다정다감하게 다가간다.

즉 사람에게 웃어줄 수 있는 환경을 만들려면 유머가 받아들여지지 않았을 때에도 적절히 대처해 나갈 필요가 있다.

이것은 타인이 실패했을 때도 마찬가지로, 서로가 위기를 탈출할 수 있도록 도와 주어야 한다.

실패는 많이 할수록 좋다! 그로부터 위기 탈출 방법이나 화제 컨트롤 방법을 배울 수 있기 때문이다. 그리고 무엇보다 실패를 두려워하지 않고 행동하는 것만으로도 절반은 성공이다.

변변치 않은 말주변이라도 남들 앞에서 우선 말문을 여는 것부터 시작하는 것이 좋지 않을까? 이야기를 잘 할 수 없어도 즐거운 시간을 보내려고 생각하고 있으면 그 노력이 확실히 상대에게 전해지고, 모두가 즐거운 시간을 보낼 수 있게 된다.

### 유머 대화는 이렇게 진행된다

유머 대화의 진행과정을 잘 알면 적절하게 유머 화술을 구사할 수 있다. 유머 대화의 경향을 살펴보면 우선권 갖기 및 협상과 도입부, 익살, 상호작용, 유사한 유머 말하기, 평가의 여섯 단계로 나눌 수가 있다.

첫째, 우선권 갖기 및 협상은 유머를 구사할 수 있는 계기를 준비하는 단계이다.

많은 사람들이 유머 감각이 있는 사람을 좋아하고, 유머를 들으면 즐거워한다. 그렇다고 유머가 언제 어디서나 환영받는 대화법은 아니기 때문에, 상대방이 유머라는 대화의 틀 속으로 들어오기를 원하는지 확인하는 단계가 필요하다. 유머를 바로 말했을 때 겪을 수 있는 문제를 미리 피하는 것으로, 체면 세우기의 방법이 있다.

① 우선권 갖기 및 협상

A : 음, 내가 웃기는 얘기 하나 할까?
B : 뭔데? / 웃기는 얘기? / 그래, 해봐.

둘째, 도입부는 상대방이 이 유머를 들은 적이 있는지를 확인하는 단계로 역시 체면 세우기와 관련이 있다.
이 단계에서는 말하고자 하는 유머가 어떤 범주에 속하는지를 밝히는 과정이 포함된다.

② 도입부
A : 너 사오정이 카페에 간 이야기 알아?
B : 아니, 몰라. 사오정이 카페에 가?

셋째, 본격적으로 익살의 내용을 전달하는 단계이다.

③ 익살
A : 사오정이 친구랑 카페에 갔대.

넷째, 상호작용은 수의적인 요소이다. 질문형의 유머에서는 흔하게 나타나는 것이지만, 이야기형 유머에서는 의미의 재해석이 제대로 되지 않은 경우에 확인하는 단계에 이어서 나타날 수도 있고, 나타나지 않을 수도 있다.

④ 상호작용
B : 난 거기서 사이다를 시켰는데 왜 율무차가 없다고 그러

는지 잘 모르겠는데?
A : 그러니까 ….

다섯째, 유사한 유머 말하기는 주제가 같거나 유머의 유형이 같은 것들이 여러 개가 반복되어 나타나는 단계로, 순서의 교대가 활발하게 진행되는 특징이 나타난다.

⑤ 유사한 유머 말하기
B : 너 그럼 사오정이 병원 간 이야기는 알아?

여섯째, 평가는 웃음이나 야유, 언어적 평가 등으로 나타나는데, 유사한 유머 말하기가 끝날 때마다 적용된다.

⑥ 평가
예 : 야, 너무 재밌다. / 어휴, 썰렁해. / 그건 좀 평범하지
　　않니?

유머를 사용할 때 이런 것은 주의하자
많은 이들이 목표로 하는 것은 짧고 우습고, 감각적이며 재미있고, 반전이 강하고, 여운이 남으며, 시의 적절한 이야기일 것이다.

유머를 잘 전달하려면 몇 가지 주의해야 할 점이 있다.
매너 있는 유머를 위해서는 시간 · 장소 · 상황(TPO : Time

· Place · Occasion)을 충분하게 고려해야 한다.

가령 아침에는 사람들이 막 일과를 시작한 때이므로 한 두 마디의 간단한 농담을, 점심에는 비교적 긴 유머도 괜찮으며, 저녁에는 재미있고 엉뚱하며 야한 유머까지 동원하는 등 시간대에 따라 유머의 종류와 길이에 변화를 주어야 한다.

유머도 유행이 있다. 너무 낡은 유머는 효과가 없다. 남의 유머를 인용하거나 패러디하기 어려우면 자신의 실수담을 이야기하는 편이 더 좋다. 유머를 인용할 때에는 항상 펀치 라인을 기억하라.

하나의 유머는 하나에만 초점이 맞추어져야 한다. 초점이 많은 경우에는 유머가 웃음을 유발하는 힘이 약화된다. 그리고 하나의 초점을 풍선과 같이 부풀려라.

우선 서론과 설명이 너무 길면 안 된다. 결론을 듣기도 전에 듣는 사람이 질려버리기 때문이다. 또한 자신이 내용을 정확하게 파악하고 있어야 한다. 얘기하다 말고 중간에서 내용이 가물가물하면 오히려 안 하느니만 못하다.

여러 사람을 상대로 할 경우에는 한 사람만을 보고 이야기한다. 웃음을 참는 인내력도 필요하다. 유머를 들려주면서 얘기하는 사람이 먼저 웃느라 정신을 못 차리면 듣는 사람은 내용도 모른 채 어안이 벙벙해진다. 그리고 유머를 말해놓고 그것을 스스로 평가하지 말라. 평가는 듣는 사람의 몫이다.

제스처와 표정, 목소리의 톤, 사투리 등을 적절히 활용하는 지혜도 필요하다. 이런 '보조 수단'을 통해 유머의 내용을 실감나게 전달할수록 효과가 큰 것은 당연한 일이다. 마치 그것이 어떤 꾸민 이야기가 아닌 실제로 일어났던 것처럼 유머를 말해야 한다.

분명한 목소리로 말하는 것도 중요하다. 상대방이 못 알아들어 중간에 말을 끊고 되묻는다면 이야기의 맥이 끊어지기 마련이다.

또 장단과 완급을 조절하는 테크닉도 필요하다. 반전하기 위해 혹은 결정적인 말을 하기 직전에 잠시 뜸을 들인다든가, 필요한 대목에 강조점을 두어 부각시키는 것도 좋은 요령이다.

맛|있|는|유|머

## 남편의 병명

한 여자가 갑자기 몸이 안 좋아진 남편을 데리고 병원에 갔다. 남편을 진찰한 의사는 남편을 내보낸 뒤 아내에게 말했다.
"오늘 저녁부터 제가 시키는 대로 하지 않으면 댁의 남편은 죽을 겁니다. 아침에는 정성껏 국을 끓여서 따뜻한 밥과 함께 먹이세요. 집안 청소를 깨끗이 해서 먼지 하나 없도록 하고요. 항상 옷을 다림질해서 입히고, 남편이 잔일을 하지 않도록 하고 집안일을 시키지 마세요."
의사의 말을 듣고 진료실을 나온 아내에게 남편이 물었다.
"의사가 뭐래?"
이에 아내가 대답했다.
"당신이 죽을 거래."

## 03
# 웃음에도 윤리가 있다

### 웃음의 윤리학

유머에 대한 반응은 웃음이다. 우리는 보통 실패라든지 실수에 웃는다.

앞서 말했듯 바나나 껍질에 미끄러져 넘어진 사람을 목격하면 상당히 많은 사람들은 웃을 것이다. 그러나 이 장면을 목격한 모든 사람들이 다 웃는 것은 아니다. 바나나 껍질에 미끄러져 넘어진 사람을 보고 우리가 웃으려면 이 사람의 행위가 실수여야 하며 우리에게 '고통을 주지 않아야만' 한다.

실수를 범한 사람에 대한 감정적인 동참, 즉 연민의 정을 느끼지 않을 때에야 비로소 우리는 웃는다.

서양에서는 아리스토텔레스, 키케로 등으로 대변되는 고대 그리스·로마시대의 유머 이론 이래로 '웃음의 윤리학'이 존재한다. 이 웃음의 윤리학은 우리가 무언가에 대해서 웃어서는 안 되는지에 대한 고찰이다. 즉 선량하고 예의바른 사람이 웃지 않아야 할 대상에 대한 고찰이다.

사람을 대상으로 한 농담에서는, 다른 사람은 모두 웃을지도 모르지만 대상이 된 사람은 마음을 다친다. 이것은 유머가 아니다.

특히 잔혹한 농담은 유머가 아니다. 유머는 마음과 마음이 서로 만나서 태어나는 따뜻한 배려라고 생각한다. 상대에 대한 배려, 이것이 유머의 시발점이다.

### 거리감을 감지하고 웃어라

일상생활에서의 웃음은 우발적으로 혹은 즉흥적으로 일어나며, 이때 실수를 한 사람이 유머를 말하는 당사자인가 아니면 아는 사람인가 모르는 사람인가 등의 관계가 중요한 역할을 한다.

내가 웃음의 대상이 된 당사자인지 아니면 단순한 구경꾼인지를 생각해야 한다. 강 건너 불 구경하듯 단순한 구경꾼들이 포복절도할 정도로 웃고 있는 동안 웃음의 대상이 된 사람이 나와 직접적인 관계가 있는 사람이거나, 내가 존경하고 사랑하는 사람, 혹은 사회적인 소속이 같은 사람이라면 다른 사람들의 웃음은 나에게 쓰디쓴 현실로 돌변할 수도 있다.

우리가 다른 사람의 '무해한' 실수나 결점을 목격하고 웃기 위해서는 이 웃음의 대상이 된 사람과의 거리감을 가져야만 한다.

이 거리감은 다른 사람의 '무해한' 실수의 행위나 결점에 대해서 웃을 수 있는 중요한 조건이다. 그리고 우발적이고 즉흥적으로 일어나는 일상생활에서의 웃음은 실수를 한 사람이 당사자인가의 여부, 그리고 이 당사자와 어떤 관계인가가 중요한 역할을 한다.

웃지 않아야 할 대상들을 요약 정리하면 다음과 같다.

첫째, '엄청나게 큰 비참함', '불행', '가난과 고통'이다. 왜냐하면 이를 보는 사람에게 동정과 연민의 정이 일어나기 때문이다.

둘째, '엄청나게 나쁜 짓'을 한 사악하고 천박한 사람이다. 왜냐하면 이를 보는 사람의 정신에서 분노와 경멸의 감정이 일어나기 때문이다.

셋째, 명망과 덕이 있고, 고상한 인간이나 사상 혹은 사상 체계에 대해서 웃지 않아야 한다. 왜냐하면 이는 관찰자에게 존경심이 일어나기 때문이다.

공격적인 유머는 피해야 한다. 공격적인 유머도 듣는 사람을 즐겁게 할 수 있지만, 잘못하면 오히려 듣는 사람이 말하는 사람의 인격을 불신할 수 있는 계기가 될 수도 있음을 명심하라.

잘못 나온 말은 곧바로 자신의 발등을 찍는 도끼가 될 수 있다. 그러니 유머란 게 아무나 할 수 있는 게 아니다.

때와 장소, 대상을 잘못 고르면 그야말로 "세 치 혀가 다섯 자 몸을 살리기도 하고 죽이기도 한다."는 격언에 딱 들어맞기 십상이다. 이른바 설화(舌禍)이다.

  몇 년 전 정치판에서 상대 정당에 대해 "재봉틀로 입을 꿰매야겠다.", "입을 시멘트로 발라야 할 사람." 등의 풍자 같은 말을 하였지만, 웃은 사람은 아무도 없고 오히려 비난만 폭우처럼 쏟아졌다.

  유머를 구사할 때도 예의는 반드시 지켜야 한다. 남을 불쾌하게 하거나 수치심을 유발하는 유머는 안 하느니만 못 하다. 웃기기만 한다고 다 유머가 아니다. '예의'를 갖춰야 제대로 된 유머이며, 예의는 단순한 말재간과 유머를 구분 짓는 중요한 기준이다.

맛 있 는 유 머

## 어느 가수의 말

"우리 어머니께서 가끔 말씀하시길, 내가 태어났을 때 산부인과 의사가 내 볼기를 찰싹 때렸는데, 내가 그것이 박수소리인 줄 알았답니다. 그때부터 나는 줄곧 그 소리를 기다려 왔습니다."

## 04 상대 눈높이에 맞게 유머를 구사하라

**상대의 유머 감각에 맞춰라**

정말로 유머 감각이 있는 사람은 재미있는 재료를 만들어 내는 감각만 있는 것이 아니고, 주위 사람의 웃음의 감각에 자신을 맞추는 감각도 가진 사람이다.

그런 감각을 갖추려면 조금이라도 많은 사람과 만나 사람마다 가지고 있는 가치관이나 성품을 아는 것이 중요하다. 그것은 많은 사람의 유머 감각을 파악한 것이라고 할 수 있다.

그렇게 하면 유머 재료의 선별도 자연스럽게 할 수 있게 되므로 조금이라도 '효과적이다' 라고 생각되는 재료를 사용하면, 보다 재미있게 분위기를 주도할 수 있다.

사람들은 매우 다양한 성격을 갖고 있지만, 모두 사랑과 친절, 수용을 필요로 한다. 그리고 모두들 이에 목말라한다. 웃음은 이를 가능하게 한다.

웃음은 즉흥적인 웃음의 감정에서 혹은 어떤 상황에서 코믹한 특성을 판단하는 데서 생성된다.

왜냐하면 웃음은 웃는 사람이 무언가를 감지하고 인지한 것에 기초하며, 나아가 그 사람이 어떤 사람인가에도 달려 있다.

유머를 자연스럽게 구사하려면 말하는 상황과 듣는 사람의 수준에 맞추는 노력도 필요하다. "누울 자리를 보고 다리를 뻗어라."는 속담이 있다. 아주 재미있는 얘기라도 해서 될 자리가 있고 안 될 자리가 있으며, 아무리 고급 유머라도 알아듣지 못하는 사람에겐 무용지물이다.

평소 아는 사람이면 그 사람의 성격을 감안하고 그의 직업이나 가정 등 배경을 고려해야 유머가 웃음을 유발하고 쓸데없는 오해를 부르지 않는다.

또한 음탕한 유머나 종교에 관한 유머는 사용시 많은 주의가 필요하다.

유머라고 했는데도 사람들이 웃지 않으면 아무 일 없었다는 듯 살짝 넘어가는 것도 요령이다.

## 연령, 감성 등을 파악하라

유머를 듣고 코믹에 대한 판단은 연령, 지적 능력, 감성의 섬세함의 정도에 따라 나뉘어질 수 있다. 이를 알고 적절하게 유머를 펼쳐야 한다.

첫째, 연령별 차이가 있다.

나이가 젊다는 것은 경험이 적다는 것을 의미한다. 경험이 적다는 것은 또한 상대적으로 세분화되지 못한 규범체계를 가졌다는 의미이다. 따라서 나이가 어린 사람들은 자신이 익숙하지 않은 것에 대해 웃기 때문에 웃음을 유발하게 하는 대상이 나이가 많은 사람들보다 많다. 예를 들면, 어린아이들이 말더듬이, 흑인, 술 취한 남자, 혹은 미친 사람에 대해서 웃는 것을 제어시키기는 어렵다.

둘째, 유머에도 약간의 '성차이'가 있다.
여성의 경우에는 보다 귀엽고 가벼우면서 말로 재미를 전하는 성격의 개그를 좋아하는 반면, 남성들은 다소 폭력적이고 엽기적인 내용에 즐거워한다. 이 점을 파악하고 상대에 적합한 유머를 구사할 줄 알아야 한다.

셋째, 감성의 섬세함에 차이가 있다.
감성이 둔감한 사람일수록 불일치한 것에 웃는 경향이 많고 반응이 느리며 다른 사람의 고통조차 '무해한' 것으로 생각하고 웃는다.
좀 더 구체적으로 표현하면, 어떤 유머가 누군가에게 고통을 주고 있음에도 불구하고 이를 무시하고 웃는 사람은 감성이 둔감한 사람인 경우가 많다.
이와는 반대로 코믹을 즐기는 것을 기준으로 삼을 경우, 감성이 섬세한 사람이 감성이 둔감한 사람보다 오히려 더 많이 웃을 수 있다. 이것은 자세하게 듣고 해석하기 때문이다. 물론 이 경우에는 코믹, 특히 위트 자체가 교양이 있거나 고상해야 한다.

맛 있 는 유 머

## 부시 대통령의 꿈

어느 날 밤, 잠에서 깬 부시 대통령이 본 것은 조지 워싱턴의 망령이었다. "어떻게 하는 것이 나라에 가장 도움이 되는 일일까요?" 하고 부시 대통령이 물었다. "나처럼 정직한 본을 보여줘요"라고 조지 워싱턴은 충고했다.

이튿날 밤 또 토머스 제퍼슨의 망령을 본 부시 대통령은 "어떻게 하는 것이 나라에 가장 도움이 되는 일일까요?" 하고 묻자. "세금을 삭감하고 정부를 줄여요."라고 토머스 제퍼슨이 충고 하는 것이었다.

그 이튿날 밤에는 링컨의 망령을 본 부시 대통령은 "어떻게 하는 것이 나라에 가장 도움이 되는 일일까요?" 하고 물었다. "연극 보러 가요."라고 링컨은 대답했다.

## 05 스핀을 걸어라

**연상으로 재미있게 커뮤니케이션을 이끌어 나가라**

상대가 이야기를 시작했을 때에 '응'이라고 들은 체 만 체 하는 것만으로 이야기는 끝나버리지만, 반대로 무엇인가를 들려줄 수 있으면 이야기가 중단되는 일은 없다. 시간이 걸려도 괜찮으니까 처음엔 상대가 이야기를 걸었을 때에 '무엇인가 재미있는 대답은 없는가?'라고 생각하면서 대화에 응하는 것이 좋다. 그러면 생각하는 각도가 차츰 달라지는 것을 느낄 수 있을 것이다.

실제의 대화에서는 스피드도 요구되기 때문에, 거의 사이를 두지 않고 순간적으로 대답할 수 있는 것이 이상적이다.

아무리 생각해도 생각나지 않을 때는 어쩔 수 없기 때문에 일단 생각하는 것을 멈춘다. 그리고 다음 화제로 넘어가서 새롭게 생각하도록 한다.

### 스핀을 잘 해야 위트를 잘할 수 있다

다각도로 통찰한 지식을 기초로 말이나 이미지를 떠올리면 유머 재료의 원형이 생긴다. 하지만 단지 그것만으로는 이야기로서의 재미가 충분치 않다. 이야기가 재미있으려면 거기서 소재를 다양하게 가공해야 한다.

'유머 하기'는 시각 자체를 비틀어 봄으로써 '엉뚱'하게 해석하며 말하는 것이다. 그러기 위해서는,

① 관점을 비틀어본다.
② 관점을 희극화한다.
③ 어려움을 희극화한다.
④ 무엇이 재미있었는지를 생각해 본다.

비틀어 봄으로써 내용을 가공하자!
비틂은 소재의 맛을 보다 효과적으로 표현하기 위해서 재료 등에 궁리를 집중시키는 것이다. 얼마나 재미있게 가공할까라고 머릿속에서 생각하므로 엄밀하게는 비틂도 발상의 일부지만 여기에서는 알기 쉽게 구별한다.

비틂은 '너무 궁리해 오히려 시시하게 되었다'라고 하듯이, 쓸모없게 가공해버리는 일도 있다. 그런 만큼 좋은 궁리를 하는 방법을 알아두는 것도 중요한 일이다.

예를 들면, "왜 지구는 둥급니까?"라는 질문에 대해서 "우

주의 둘레가 인력에 의해 모임…."이라는 성실한 해답은 당연히 논외이다. "'이제 둥글둥글해질 나이니까, 살쪄서 그래'라는 조크는 좋은 것이다.

다만 좀 더 상상을 부풀려, "지구도 젊을 무렵에는 상당히 불량해서 자주 경찰에게 잡혔다. 언제나 쨍쨍한 눈을 하는, 튀는 놈이었다. 그렇지만 나이를 먹고 세상을 알게 되어, 최근 간신히 둥글어진 것이다!"라는 스토리를 더하면 재미있어진다.

이것은 단순한 일례이지만, 비틂은 그 사람의 개성이 나타나는 것이다. 자신의 유머 스타일을 확립한다는 마음으로 능숙하게 활용하면 많은 진전이 있을 것이다.

### 스핀이 없는 재료

그럼 반대로 '비틂이 없는 재료'란 어떤 것일까? 좋은 궁리를 하는 방법을 알기 위해서 간단하게 설명한다.

비틂이 있는 재료의 반대극에 위치하는 것이 일반적으로 말하는 썰렁한 재료이다. 썰렁하다고 하는 표현은, '너무 단순한 재료', '누구라도 말하는 흔한 재료'여서 유머에 대해 주로 부정적인 의미로 사용된다.

보다 세련되게 말하면, '오징어가 화냈다', '코끼리 보쌈' 등 이러한 단순한 것은 아무런 비틂도 없는 썰렁한 것을 세련되게 잡아준다.

비틂이 없는 재료는 궁리가 없기 때문에 아무래도 재미가 부족하다. 또 단순할 뿐이어서 누구라도 간단하게 생각해내고, 실제로 자주 듣는 경우도 많아 아무런 새로움이 없다. 상대가 재미난 유머로 받아들이지 않는 주된 원인이다.

  그 때문에 아무래도 썰렁한 재료를 사용하고 싶은 경우에는 재료의 마지막에 스스로 '썰렁했지요!' 처럼 보충을 첨가하는 것이다.

  다만 정말로 순수한 웃음을 좋아하는 사람은 썰렁한 유머 재료도 좋아하는 경우가 많다. 진정으로 웃음을 좋아하는 사람은 재료의 성과에 집착하지만, 그렇다고 해서 썰렁한 재료를 소홀히 해서 잘라버리거나 하지 않는다.

  비록 썰렁해도 '사람들을 즐겁게 하자'라고 하는 그 의도는 좋은 것이다. 순수하게 웃음을 즐기고 싶은 사람에게 맞는 생각이라고 할 수 있다.

  그러나 세상은 그러한 사람만 있는 것이 아니기 때문에, 역시 상대를 선택해 이야기하는 것이 무난하다. 덧붙여서 "나는 썰렁한 개그도 정말 좋아해."라고 하면 대화의 즐거움은 샘솟는다.

## 이야기의 되받아 치기가 기본 전술이다

  '되받아 치기'와 '뒤틀기'는 웃음을 이어나가고 증폭시키는 역할을 한다. 순간적인 것들에 의해 웃음이 생기기도 하지만, 의도적이고 계획적인 것들로 웃음을 만들기도 한다.

  의도적인 계획은 당면한 상황을 비트는 것이고, 즉흥적으로 이루어지는 것들은 대부분이 되받아 치기를 원리로 한다.

궁리(아이디어 구상)하는 것이 중요한 것은 알았겠지만, 그럼 '어떤 때에 궁리하면 좋은 거야?' 라고 하는 의문이 생긴다.

상황에 따라 다르지만, 대체로는 '상대로부터 이야기를 들었을 때' 또는 '질문 받았을 때' 에는 이야기의 되받아 치기를 궁리할 필요가 많아진다.

왜냐하면 이야기의 되받아 치기는 '상대가 이쪽의 말을 기다리고 있는 상태' 이기 때문이다.

즉 이야기를 집중해 듣는 체제가 갖추어지고 있는 것으로, 보다 순조롭게 말을 받기 쉽기 때문이다. 또 이때 상대는 머릿속에서 '아마 이러한 대답이 올 것이다…' 라는 예상을 대개 무의식 중에 하고 있다.

거기에 비틂을 더한 예상 외의 대답을 하는 것으로 상대는 그 의외성에 무심코 웃어버린다는 것이다. 궁리하는 상황은 그 밖에도 있지만, 일상 대화에서는 '이야기의 되받아 치기' 가 기본이다.

자, 여기서 잠시 '유머 송년사' 와 '기상통보관의 주례사' 를 들으며 쉬어가도록 합시다.

## 어느 외국인 선교사의 송년사

친애하는 여러분!

이제 며칠후면 이 年이 떠나갑니다. 보낼 年은 보내야 합니다. 굳이 가겠다는 年을 붙잡은 들 무슨 소용이 있겠습니까? 가는 年은 조용히 정리하여야 하듯이 새로 올 年을 맞이함에 있어 마음의 준비를 하여야 합니다.

지나간 年들을 돌아보면 감회가 새롭습니다.

잊혀진 年들이라고 나쁘기만 하겠습니까?

그때 그 年이 좋았지 하는 아쉬움도 있게 마련입니다. 기대에 미친 年도 있고 실망스런 年도 있었으며 참 재미있었던 年이 있었는가 하면 애를 먹었던 年도 있었습니다. 그러나 다 흘러가버린 年들입니다.

어쨌든 새 年이 오면 더 잘 살아야지 하고 다짐하게 됩니다. 그러나 새로 맞이하게 될 年이라고 해서 항상 좋기만 하겠습니까? 다만 새 年은 어떤 年일까 하는 기대에 부풀게 되는 것은 사실입니다.

친애하는 여러분!

이年 저年 탓해서는 안됩니다.

어떤 年을 만나더라도 최선을 다해야 하고 잘 살아야 합니다. 그 年이 어떤 年이든, 좋은 年이든 나쁜 年이든 하늘에서 주신 年이기 때문에 갈 年과 올 年 사이에서 우리 경건한 마음으로 기도 합시다.

## 기상통보관의 주례사

오늘 결혼식은 전반적으로 무척 뜨거운 분위기 속에 진행되고 있습니다. 왜냐하면 북서쪽에 자리 잡은 신랑측의 열정 전선과 남동쪽에 자리잡은 신부의 사랑 전선이 만나 뜨거운 열기류를 형성하고 있기 때문입니다.

한편, 신부를 놓친 옛 애인의 집에서는 태풍을 동반한 비바람이 예상되므로 옛애인 집으로 향하는 각종 차량들은 각별한 주의가 요망됩니다.

아울러 부조금 없이 온 하객들이 짜고 건조한 기후를 형성하여 결혼식장을 망쳐 놓을 우려가 있사오니 이 분들은 즉시 신부나 신랑측의 온라인 통장을 이용하여 입금하여 주시면 계속 따뜻하고 온화한 기후 속에서 결혼식을 무사히 마칠 수 있겠습니다.

마지막으로 오늘 밤 기온은 신부와 신랑이 첫날밤에 내뿜을 열기로 인하여 섭씨 100도의 열풍이 예상되오니 부채나 얼음을 필히 준비하여 주무시고, 가끔씩 신혼부부 방에서 벼락과 번개가 치겠사오나 놀라지 마시고 주무시기 바랍니다.


다시 한 번 정리하는 의미에서 유머를 만들어 실제 적용하기까지 이상적인 과정을 생각해보자.

우선 흥미로운 착상에서 시작되어야 할 것이고, 그 착상의 재미를 다양한 에피소드로 변주할 수 있는 상상력을 갖춰야 할 것이다.

그런 유머의 이음새를 매끈하게 손보고 적재적소에 배치하는 연출력이 필요하다. 덧붙여 자연스레 가슴 따뜻해지는 순간을 넣을 줄 안다면 더 좋을 것이다.

맛있는유머

## 간호사의 친절

어떤 노인이 간호 서비스가 좋기로 유명한 노인병원에 입원하였다. 담당 간호사는 노인을 잘 보살폈다.
하루는 노인이 안락의자에 몸을 왼쪽으로 심하게 기울인 채 불편하게 앉아 있었다. 그래서 간호사는 왼쪽 옆구리 쪽에 베개를 하나 받쳐 주었다.
 그 다음날 보니 노인이 이번에는 오른쪽으로 몸을 기울이고 앉아 있었다. 그래서 이번에는 오른쪽 옆구리에 베개를 받쳐 주었다.
 그런데 그 다음날 노인이 몸을 앞으로 기울인 채 의자에 앉아 있는 것을 간호사가 보았다. 이에 간호사는 노인이 몸을 가누기가 무척 힘들다고 생각하고 아예 의자 등받침과 노인의 몸을 끈으로 묶어 주었다.
가족들이 면회를 와서 노인에게 물었다.
"아버님, 병원은 마음에 드세요?"
노인은 대답했다.
"참 친절하고 좋은데, 우리 방 간호사는 방귀를 못 뀌게 해."

# The Art of Humorous Conversation

제7장 》 **직장생활에서의 유머**

1 직장생활에 필요한 유머
2 유머 감각이 없는 리더는 리더가 아니다
3 유머 경영의 성공조건

유머 경영의 핵심은 직원을 즐겁게 하는 것이 아니라 고객을 만족시키고
부가가치를 창출해 나가는 일이다.
그런데 고객을 즐겁게 하는것은 바로 직원이다.
그래서 직원의 만족 없이 고객만족은 없다. 행복한 직원이 행복한 기업을 만든다.
행복한 직원이 행복한 고객을 만든다.

## 01 직장생활에 필요한 유머

**직장인의 무서운 적은 스트레스이다**

우리 삶의 근거지는 가정과 직장이고, 거기서 보내는 시간이 가장 많다.

직장생활은 하루 8시간의 일과이다. 이론적으로 한가한 시간이 꽤 있을 것 같지만, 실제로는 '중압감' 때문에 없는 것과 마찬가지이다.

일을 진행하는 과정에서 경우에 따라서는 윗사람의 명령에 복종할 때도 있고 그 속에서 굴욕감을 느낄 때도 있는 게 바로 직장생활이다.

일에 대한 부담이 너무 많아도 문제가 발생하지만 너무 적어도 문제가 발생한다. 그래서 가장 최적의 상태를 유지할 수 있는 적당한 부담이 좋은 것이다.

최적의 부담은 생산적인 의미의 스트레스 상태를 가져다주지만 과다부담이나 과소부담은 비생산적인 스트레스나 탈진

상태에 놓이게 하며 바람직하지 못한 행동들을 일으키게 한다.

직장인의 경우 특히 과업수행 중에 문제가 심하게 발생하면 탈진상태에 빠지게 된다.

탈진은 감정에 치우쳐서 일한 경우, 혼자서 모든 일을 처리하려고 할 때, 인간관계 문제에 과도하게 휘말려들 때, 작은 일에 너무 신경을 쓸 때, 너무 단조로운 일에 빠질 때, 신체적으로 허약할 때, 하는 일마다 저항과 반대에 부딪힐 때 발생한다.

### 야근을 거절하는 유형의 예

이승복 형 : 나는 야근이 싫어요!
이순신 형 : 내가 퇴근했다는 것을 아무에게도 말하지 말라!
나폴레옹 형 : 내 사전에 야근이란 없다.
햄릿 형 : 퇴근을 할지 야근을 할지 그것이 문제로다.
갈릴레이 형 : 그래도 나는 퇴근을 한다.
맥아더 형 : 나는 퇴근을 하지 않는다. 다만 집으로 사라질 뿐이다.

탈진상태에 빠지면 쉽게 피곤을 느끼고, 일은 열심히 하지만 성과가 오르지 않게 된다.

짜증을 자주 내며, 남이 농담을 해도 웃어넘기지 못하고,

대화할 때도 말할 의욕이 없어진다. 사람들이 자신에게 요즘 안색이 좋지 않다고 말하고 자신도 몸상태가 좋지 않은 것을 느낀다.

그렇다면 이 비생산적인 스트레스를 해소할 길은 없는 것일까? 웃음이 업무에 어떤 영향을 미치는가?

똑같은 일을 하더라도 즐겁게 했느냐 아니냐에 따라 그 결과는 하늘과 땅 차이다.

이제 단순노동이든, 전자제품 생산이든, 고객 서비스든 더 이상 '일'과 '놀이'를 구분해서는 아무것도 이루어낼 수가 없다.

그 일을 얼마나 즐겁게, 창의적으로, 적극적으로 했는가에 따라 성공한 인생과 실패한 인생이 결정된다.

대우그룹의 임직원을 대상으로 조사한 결과 93%가 '웃음이 업무효율을 높인다.'고 응답했고 '업무에 방해가 된다.'고 답한 사람은 한 명도 없었다고 한다.

이 결과를 보면 웃음이 회사 업무에 방해가 되지 않고 오히려 긍정적인 영향을 미친다는 것을 알 수 있다.

그러나 '회사에서 얼마나 자주 웃는가?'에 대한 질문에는 반수 이상인 54%가 '가끔 웃는다.', 5%가 '거의 웃지 않는다.', 2%가 '전혀 웃지 않는다.'라고 응답하고, '자주 웃는다.' 라는 응답은 39%에 불과했다고 한다.

　이 데이터로 미루어 보면 우리 직장인들이 직장생활 속에서 잘 웃지 못하는 것 같다. 그렇지만 웃음의 필요성은 인정하고 있다는 게 그나마 다행이 아닐 수 없다.

　용기가 없어서일까? 아니면 웃을 일이 없어서일까? 아마 평소에 웃으려고 노력하지 않았거나 업무의 중압감에 눌려 웃음을 잃어버렸기 때문이거나 더 나아가서 조직 분위기가 진지함을 묵시적으로 요구하기 때문일 것이다.

　그러나 이제는 세상이 변했다. 창의력시대이고 지식경영시대이다. 사람도 변했고 조직환경도 변했다. 번뜩이는 발상을 하여 기업에 공헌을 하고 팀 워크도 잘 유지해야 자리를 유지할 수 있다. 이제 시키는 일만 하면 되는 시대는 지났다.

### 생활과 일 속에서 즐거움을 찾아라

　자신이 몸담고 있는 현실에서 즐거움을 찾아야 진정 행복할 수 있다. 일 속에서 재미와 즐거움을 찾는 방법은 너무나도 많다. 하지만 앞서 말했듯 내가 먼저 즐겁지 않으면 누구도 즐겁지 않다.

　내가 신바람이고 재미이고 즐거움이어야 한다. 일 속에서 재미를 찾기 이전에 내 안에서 즐거움을 만들 수 있어야 한다. 그것이 직장에서 누릴 수 있는 진정한 즐거움이다.

　앞에서 언급한 '그럼에도 불구하고 유머를 한다.' 는 말은 유머의 참뜻을 기억하라는 말과 같다. 먼저 주위 사람에게 유머를 건네며 즐겁게 일을 하도록 노력한다면 서로에게 가로막힌 벽이 어느새 무너진 것을 느낄 수 있을 것이다.

나아가 아이디어도 샘솟고 동료들과 신바람나게 일하는 자신을 발견할 수 있을 것이다.

웃음과 유머가 넘치는 사람들이야말로 자신의 일에 최선을 다하고, 그런 사람이어야 성공의 길로 나아갈 수 있다.

또 직장인 사이에서도 생존경쟁의 무기로 유머가 부각되면서 딱딱한 분위기를 벗고 유머 있는 사람으로의 변화를 모색하는 것이 요즘의 대세이다.

### 동료 그리고 상사와의 관계도 좋아야 한다

회사에서 즐겁게 일하고, 행복하게 대화하며, 유쾌하게 생활을 즐기는 것이야말로 최고의 인생이다.

주로 대화하는 상대는 누구인가? 고객을 제외한다면 동료, 부하직원, 상사일 것이다. 이들과 원만하고 즐거운 관계를 맺지 않고서는 결코 즐겁게 일을 할 수가 없을 것이다.

성공은 큰 데서 시작하는 것이 아니라 작은 데에서 출발한다. 자신이 가진 지식과 정보를 남에게 얼마나 재미있게 전달하는가가 성공의 열쇠이다.

### 팀 워크를 중시하라

이른바 '독불장군'이 되면 정보의 폭도 좁아지게 된다. 혼자서도 잘하지만 함께 할 때 더 잘하는 사람을 요구하는 것이 직장이다.

당신에 대한 사내 평판이 좋아야 한다. 사람 됨됨이가 어떤지 등의 평판이 중요한 역할을 하기 때문이다. 평판은 주관적이고 애매하지만 중요한 평가기준이 된다.

이제 일만 잘해서는 안된다. 팀원들과의 인간관계도 좋아야 한다. 여럿이 재미있고 즐겁게 담소하는 것을 보고 우리는 '웃음꽃이 핀다.' 라고 말하는데, 팀원들이 자주 웃음꽃을 피워야 '주가' 가 상승할 것이다.

잠자리 눈처럼 360도 전후좌우 모두 살핀 뒤 먼저 유머를 던져라. 그러려면 심기를 잘 관리해서 마이너스 스트레스를 최소화하라. 멋들어진 비즈니스 커뮤니케이션을 하여 일을 완수하라.

유머 경영의 아이디어가 나온 곳은 미국 시애틀 파이크 플레이스 어시장(魚市場)이다. 한때 파이크 플레이스 어시장은 파산을 기다리는 상태였다. 그러나 '일터를 즐거운 곳으로, 일을 즐거운 것으로 바꾸자.' 는 아이디어가 모든 것을 바꾸었다. 직원 모두가 슬로건을 같이 외치는 것이 그들의 시작이었다.

이렇게 시작된 그들의 활동은 파이크 플레이스 어시장을 세계에서 가장 유명한 어시장으로 만들었고, 직원들은 엄청난 보수를 받는, 잘 나가는 경영 컨설턴트가 되었다.

유머를 하다보면 두뇌회전이 좋아져 창의력이 증진된다.

아이디어와 창의성을 발휘하라. 역발상, 상상력, 창의력을 총동원해 뭔가 새로운 것으로 승부하라. 그러면 실적이 오른다.

직장인들은 부하관리에는 꽤 신경을 쓰면서 상사관리에는 둔감한 편이다.

상사를 잘 따르고 보좌하되 아첨하거나 비굴하게 굴 필요는 없다. 그렇지만 상사의 의도나 심기를 잘 파악할 필요가 있다. "이 정도면 모르겠지." 하는 일도 상사는 전부 꿰뚫고 있다. 얕은 꾀를 쓰는 소리까지도 듣는다.

그리고 당신이 일을 쉽고 편하게 하는 사람이라는 것을 유머를 통해 알려라. 그러면 당신은 어느새 상사의 오른팔이 돼 있을 것이다.


미운 상사 약 올리기

1. 프로젝트 마감 전날, 아프다고 쓰러져 입원해버린다. 어쩌겠는가, 장염으로 입원했다는데…. 결국 일에 차질이 생기는 것은 상사가 막아야 한다. 고생 좀 해보라지.
2. 스타일을 조언해주는 척하면서 촌스럽게 만든다.
   ○○님은 구레나룻을 기르는 게 정말 멋지다느니, 앞머리를 핀으로 넘기는 게 이목구비가 살아난다는 등 바람을 잡는다.
3. 술을 잔뜩 먹여 다음날 술병으로 지각하게 만든다. 운 좋으면 결근시킬 수도 있다.
4. 상사가 화장실에 갔을 때 따라가서 계속 노크한다. 불안

해서 볼일을 제대로 못 보게 하는 것, 치사하지만 잔재미는 크다.

5. 술을 엄청 먹은 다음 그 상사를 끌어안고 토한다. 일단 빈 속에 술과 안주를 많이 먹는다. 그리고 토기가 올라올 때 "사랑해요, ○○님." 하며 끌어안는다. 가슴에 토하지 말고, 고개를 상사 어깨 위로 뺀 다음 토해야 자신의 옷에 묻지 않는다.

상사도 인간임을 이해한다. 그러므로 완벽한 상사가 되어주기를 기대해서는 안 된다. 상사의 강점을 살려주고 약점을 보완하는 것이 상사관리의 핵심이다.

## 02 유머 감각이 없는 리더는 리더가 아니다

**감성 리더십을 발휘하라**

상사는 일을 주고 감독하고 평가한다. 아마 상사의 눈치를 안 보는 부하직원들은 없을 것이다. 그 날 상사의 표정이 밝으면 사무실 분위기가 밝고, 어두우면 분위기는 침체된다. 이와 같이 상사의 표정에 따라 좌지우지되는 것이 부인할 수 없는 직장 내의 풍경이다.

상사는 부하들에게 미움의 표적이 되어서는 안 된다. 이른바 다음과 같은 문제의 상사는 문제의 부하를 만들고 문제의 조직을 만든다.

① 지난 날의 실수를 항시 기억하고 있다가 기회만 있으면 그것을 들먹여 기를 죽이는 상사
② 완고하고 융통성 없는 상사
③ 한 사람의 직원만을 편애하는 상사

④ "자네 이리 와봐. 이걸 지금 기안이라고 한 거야? 자네 대학 졸업했다는 거 맞아?" 하며 부하직원을 쥐잡듯이 하는 상사

강철왕 카네기의 묘비에 이런 문구가 쓰여 있다고 한다. "자신보다 뛰어난 사람을 능숙하게 다룰 줄 아는 사람, 여기에 잠들다."

지금의 시대, 일류 리더에게는 무엇보다 커뮤니케이션 스킬이 필요하다. 리더십의 중심은 커뮤니케이션이다. 최근 들어 '커뮤니케이션 스킬을 높이자!' 라고 하는 움직임도 나오고 있다. 그런데도 많은 회사에서 구태의연한 일방통행식 지시가 여전히 이루어지고 있다.

기술은 하루가 멀다하고 발달하고 있다. 잘 커나가는 기업도 흐름에 맞추지 못하면 금세 공중분해가 되고 있으며 살아남기 위해 제 살을 도려내려고 한다. 내부적으로 실적이나 업적이 부진한 팀은 언제나 구조조정의 대상이 된다.
이런 어려움을 헤쳐나갈 '선장' 은 누구인가?
이런 기업환경 속에서 부하직원을 보다 신뢰하고, 그들이 받는 스트레스를 유머와 진솔한 커뮤니케이션으로 해소시켜 줄 리더가 요구된다.

새장 속의 새는 자연에서 살고 있는 새보다 멀리 비상하지

못한다. 사람도 마찬가지이다.

 부하직원을 잘 이끌고 뛰어난 업적을 쌓는 성공적인 리더는 무엇보다도 부하직원에 대한 태도가 남다르다. 부하직원을 자신의 수족으로 여기지 않으며, 오히려 성장시키는 데 무한한 즐거움을 갖고 멋지게 코치한다.

 어쩌다가 장애물에 부딪쳐도 낙관적 사고를 갖고 별 무리 없이 부하직원들의 사기를 유지시킨다.

 한마디로 부하직원의 인격을 존중하며, 부하직원을 감독하고 이끈다는 생각보다는 자주적이고 자발적인 동참을 유도한다는 생각으로 커뮤니케이션을 해야 한다.

 다음과 같은 문제 상황을 한 번 생각해보자.

 한 임원이 이끌고 있는 판매부서가 다른 판매부서보다 실적이 아주 부진했다고 하자.

 월말에 실적이 발표되자 그 임원과 개발팀원들은 모두 풀이 죽었다. 임원회의에서 최고 경영자는 그 임원을 엄하게 질책했다. 절치부심하던 임원은 회의를 소집했다.

 이 경우 감성지능이 낮은 '권위형' 임원은 팀원들의 복잡한 심정은 고려하지도 않고 또 자신의 불편한 심기에 대해서도 충분히 생각하지 않고 성급하게 "뭐 하러 회사에 다녀!", "월급 받을 일 좀 해!"라고 하며 문책성 발언을 하는 데 급급할 것이다. 군이 설명할 필요도 없이 이런 식의 발언은 사실 득보다 실이 많다.

반대로 감성지능이 높은 리더는 팀원들이 받은 상처를 잘 이해하고 이 부진한 결과에 자신의 잘못도 있음을 시인할 것이다.

그 임원은 팀원들의 얼굴을 하나하나 둘러본 다음 "죽을 상 하지 말아요. 우리의 구겨진 체면을 역전시켜 보자고요. 자! 웃읍시다. 다들 일어서서 하하하 하고 크게 웃고 다시 한 번 해봅시다. 이 달에는 우리 뭔가 한 번 보여줍시다!"라고 말할 것이다.

이런 발언은 부하직원들의 위축된 사기를 고양시키고, 팀원들은 다시 한 번 힘을 얻게 될 것이다.

어려운 상황에서 유머와 웃음을 효과적으로 구사하는 것은 성공으로 이끄는 리더의 중요한 커뮤니케이션 기술인 것이다.

### 분위기 메이커가 되어라

직장마다 나름대로의 분위기가 있다. 그 분위기가 경직되어 있으면 직원들은 말 그대로 일하는 기계가 된다.

능률이 오르는 활기찬 직장 분위기를 조성하기 위해서 상사는 부하직원들이 웃을 수 있는 분위기를 적극적으로 만들어 주어야 하고, 부하직원들은 즐겁게 웃으려 노력해야 한다.

상대의 어깨를 두드리며 다음과 같이 말하라.
"고맙네. 오늘 아침은 날씨가 맑아서 기분이 좋지 않은가?

모든 것이 보석처럼 빛나 보이는군."

상사가 진심으로 이렇게 말했다면 상대는 기쁨과 감동을 받았을 것이 틀림없다. 문제는 사고나 권위가 아니라, 말투에서 넘쳐나와 상대의 마음을 젖게 하는 영혼의 힘이다.

웃는 문화가 조성되면 웬만한 갈등은 해소되며 아무리 어려운 일이더라도 해결할 수 있는 아이디어가 창출되는 법이다.

회사는 늘 시끌시끌하고 웃음소리가 나야 호흡이 맞고 좋은 작품이 나온다. 사장과 팀장이 위에서부터 그런 분위기를 조성해야 한다.

조직이나 사회의 발전은 창의적 아이디어에서 비롯된다. 남들이 쉽게 모방할 수 없는 독특한 제품, 서비스, 기술, 경영기법 등의 개발을 통하여 조직은 탄탄한 경쟁력을 확보할 수 있게 된다.

조직 내 구성원의 창의력 발휘는 조직 상황과의 관계 속에서 이해되어야 한다. 아무리 창의력이 뛰어난 구성원이라 해도 조직구조가 경직되어 있고 맡고 있는 일이 지나치게 정형화되어 있으면 창의력을 발휘하기가 어려워진다.

한편 창의력은 동료들간의 적극적인 교류과정을 통하여 발현되기도 한다. 팀원끼리 서로 새로운 아이디어를 창안하여 실천하는 문화가 조성될 때 창의력 발휘의 기회는 많아질 것이다.

평소에 허물없는 대화를 나누지 않으면 회의 때 지위고하를 막론하고 자유로운 의견을 개진하기가 어렵다. 마라톤 회의도 필요 없다. 결론이 나지 않으면 흩어졌다가 다시 모이면 된다. 아이디어란 잡담을 하다가 툭 던지는 말에서 문득 나오는 것이기도 하기 때문이다.

전자제품 판매업체인 국내의 한 회사에는 회의시간에 팝콘 같은 톡톡 튀는 아이디어를 내놓으라는 취지로 직접 팝콘을 튀겨 먹으며 아이디어 회의를 진행하고 있다고 한다.

경직되지 않고 즐겁게 일하는 과정에서 창의적인 발상도 시작되고 변화도 자연스럽게 이루어질 수 있다. 또한 대부분의 시간을 직장에서 보내는 우리들에게 즐겁게 일한다는 것은 곧 우리의 인생이 즐거워진다는 것과 같은 말이다.

맛있는유머

## 컨설팅 비용

한 남자가 컨설턴트에게 의뢰비용이 얼마나 되는지 물었다.
"우리는 질문 3개에 50달러씩 받습니다."
컨설턴트가 말했다.
"너무 비싼 것이 아니에요?"
그 남자가 물었다.
컨설턴트는 "예. 그런데 세 번째 질문은 뭐죠?"라고 대답했다.

## 03 유머 경영의 성공조건

**직원부터 만족시켜라**

요즘 국내외 기업들의 조직문화 혁신의 추세가 '즐거움'을 강조하는 이유는 더 이상 직원들의 '자발성'에 기초하지 않고서는 조직의 변화를 기대하기 어렵기 때문이다.

자발성은 직원들의 태도에 달렸다.

직무와 관련된 태도 중에서 대표적인 것이 '직무만족' 이다.

직무만족은 개인이 직무나 직무경험에 대한 평가의 결과로 얻게 되는 즐겁고 긍정적인 감정상태를 의미한다.

구성원들의 만족도가 높아지면 이직이나 결근이 줄어들고, 조직에 도움이 되는 행동을 더 많이 하게 된다.

그러나 불만족이 쌓이면 조직에 여러 가지 부정적 결과를 가져온다. 이직, 결근뿐만 아니라 서비스나 일의 질이 떨어지면 파업이나 투서 등의 행위가 늘어나게 된다.

물론 불만족이 모두 행동으로 표출되어지는 것은 아니며, 많은 사람은 불만족해 하면서도 어느 범위 안에서는 이를 행동으로 나타내지 않는다.

　직원들은 자신이 몸담고 있는 조직이 개방적이고 자유롭다고 느낄 때 헌신적으로 일하며 그 조직에 오래 머물기를 원한다.

　유머 경영의 핵심은 직원을 즐겁게 하는 것이 아니라 고객을 만족시키고 부가가치를 창출해 나가는 일이다. 그런데 고객을 즐겁게 하는 것은 바로 직원이다.

　그래서 직원의 만족 없이 고객만족은 없다. 행복한 직원이 행복한 기업을 만든다. 행복한 직원이 행복한 고객을 만든다.

　직원은 1차적으로 만족시켜야 할 대상이며, 내부고객이라는 경영개념에 기초한 발상의 전환을 가져야 한다. 내부고객인 직원의 만족이야말로 유머 경영의 핵심이라 할 수 있다.

　따라서 유머 경영철학은 직원만족에 그 뿌리를 두고 있음을 깨달아야 한다.

　펀 경영은 미국에서 1990년대 초부터 시작된 경영전략이다. 직원들의 유머 감각을 독려하면서 직장 분위기를 활성화시키는 것으로 조직 문화의 내적 변화를 통해 회사를 '즐거운 일터'로 만들자는 것이다.

　재미(Fun)를 단순한 흥미 차원이 아닌 '삶의 에너지'로 바꿈으로써 직원들의 기를 살리고 일할 맛 나는 직장을 만들어 직원들의 자발적인 참여와 헌신, 창의력을 이끌어내는 경영을 일컫는다.

이제 즐거움과 재미는 더 이상 업무와 배치되는 개념이 아니다. 즐거움을 조직 전체의 문화로 전파시켜 '즐거운 일터'와 '높은 수익률'이라는 두 마리 토끼를 잡은 기업들의 사례를 들어보자.

소니 코리아는 아이디어가 풍부한 젊은 직원들을 중심으로 '아이베스트(iBEST)' 프로젝트를 실시하고 있다고 한다. 아이베스트란 '나부터(i), 기초적이고(Basic), 쉽고(Easy), 작은 것을(Small) 오늘부터(Today) 실천하자'는 뜻의 문화혁신 캠페인이다. 이것뿐만 아니라 지금까지 직원들이 자발적으로 만든 프로그램은 총 140여 개에 이른다.

예를 들어 매주 수요일, 직원들은 저녁 6시가 되면 바로 퇴근한다. 이 날은 가족과 함께 단란한 시간을 보내는 전 직원의 '가족의 날(Family Day)'이기 때문이다.

컴퓨터 앞에서 근무하는 시간이 많은 직원들은 'Sky& River Community'를 만들어 정기적으로 산과 들로 야유회를 떠나거나 문화공연을 즐긴다.

고객을 가장 가까이에서 대하는 영업부는 명찰 달기, 매주 1회 업무 차량 청소하기 등 세세한 프로그램을 실천한다.

또 팀원끼리 생일을 챙겨주는 '추억의 생일빵', 책을 많이 읽은 직원에게 포상하는 '도서대출왕' 등 다양한 프로그램을 운영하고 있다.

수요일 아침 8시, 청바지를 입고 출근하는 KTF 임직원들의 발걸음이 가볍다. 불편한 양복을 벗어던진 데다 평소보다 이른 시간인 오후 5시면 퇴근해 가족과 즐거운 시간을 보낼 수 있기 때문이다.

KTF의 기업문화를 바꿔놓은 이 '키즈 데이(Kids Day)'는 청년이사회로 알려진 '하트보드'가 제안한 것이다.

이 회사는 현재 'CEO와의 3분 토크' 프로그램을 운영하고 있다. 이 프로그램은 CEO가 무작위로 하루에 한 직원에게 전화를 걸어 어려움을 듣고 다양한 아이디어를 수렴하는 것이다. 조직에 활력을 불어넣는 직원들의 아이디어는 회사에 활기를 불어넣는 청량제 역할을 톡톡히 하고 있다.

LG전자 CDMA 단말기 사업부는 매달 한 번씩 '펀 데이(Fun Day)'를 가져 큰 호응을 얻고 있다. 이 날에는 숫자판에 화살을 던져 나온 숫자와 사번이 일치하는 직원 5명에게 휴가와 함께 상품권을 지급한다고 한다.

다른 기업에서도 유머 클럽이나 유머 게시판을 운영해 유머가 하나의 문화가 되고 웃음과 여유를 줄 수 있는 분위기를 제공해 전 직원이 유머 리더십을 갖출 수 있는 기업 풍토를 만들어 나가고 있다.

단지 '1회성' 행사로서의 유머성 이벤트가 아니라 조직문화를 바꾸는 힘으로 작용하기 위해서는 유머 경영의 본질에 대한 이해를 바탕으로 다양한 활동들이 진행되어야 한다.

서로의 일체감을 느끼는 행사로부터 업무와 직접적으로 연관된 활동까지, 팀 내 소모임에서 회사 전체를 아우르는 행사까지 다양한 종류와 규모의 활동들이 변화의 큰 흐름을 형성하고 있는 것이다.

그리고 한 번에 모든 것을 다 이루겠다는 조급함보다는 느리지만 지속적으로 변화하겠다는 인내심이 필요함은 물론이다.

### CEO가 앞장서야 한다

CEO의 유머 한마디는 얼어붙은 조직을 순식간에 녹이는 마력을 발휘한다.

CEO의 유머는 직원들에게 신뢰감을 주고, 비전을 심어주는 데 더할 나위 없는 영양제이다.

어느 국내 은행장은 매일 '오잘·오수·오즐' 경영을 한다고 한다. 이것이 바로 '오늘도 잘합시다!', '오늘도 수고하세요!', '오늘도 즐겁게 합시다!' 라는 그의 인사경영이다.

CEO가 캐주얼한 분위기의 옷을 입는 것만으로도 직원들에게는 보이지 않는 여유와 엔도르핀을 줄 수 있다.

CEO가 직접 펀 경영의 주인공으로 나서는 경우도 있다. 한국피자헛 대표는 창립 20주년 기념행사에서 직접 록밴드 리드싱어로 변신, 깜짝 립싱크 공연을 해 큰 화제를 모았다.

유머 기업이 되기 위해서는 무엇보다도 유머 문화가 뿌리내려야 한다. 유머가 존중되고 자유로운 일터가 보장되지 않으면 유머 경영은 불가능하다.

아무리 직원들의 끼가 뛰어나고 유머 감각이 넘친다 해도 자유롭게 이를 표현할 수 있는 조직문화가 뒷받침되지 않으면 좋은 기업이라고 볼 수 없다.

동국제강의 CEO는 최근 사내 모든 팀장에게 '40년간 웃겨준 이야기… 날더러 웃겨달라고'라는 제목의 책을 선물해 화제를 모았다.
이 책을 읽고 긴장과 스트레스를 풀라는 CEO의 배려가 담겨 있는 셈이다.

유머 경영은 고객 지향적인 사고를 갖고 사장부터 말단 직원에 이르기까지 유머 문화가 몸에 배어야 가능한 일이다.
무엇보다도 유머 문화는 칭찬과 감사, 그리고 인사, 서로를 아끼는 동료애가 뿌리내릴 때 가능한 것이다.

### 유머 경영 시스템을 구축하라
직원을 즐겁게 하고 고객을 행복하게 하는 핀 요인은 즉흥적인 위트나 일시적인 웃음으로 해결될 문제가 아니라 제도적으로 뿌리내리고 하나의 시스템으로 정착될 수 있을 때 가능하다.
직원들의 입에서 유머가 나오는 것이 아니라 시스템에서 유머가 나올 수 있을 때 그 기업의 유머 경영은 뿌리를 내릴 수 있다.
뿌리가 내린다면 팀원 간의 대화가 더 많아지고 서로에 대한 인식이 변화한다.

동료가 단지 일만 같이 하는 사람이 아니라 더 많은 부분을 공유하는 삶의 동반자가 될 수 있다는 생각이 그것이다. 그리고 무언가를 함께 할 때 즐거움을 더 많이 느끼게 되는 것은 이 유머 경영이 낳은 성과이다.

① 유머 경영 시스템을 구축하라

유머 경영이 경영혁신으로 뿌리를 내리기 위해서는 비전을 수립하고 장기적으로 지속 가능한 프로그램을 개발해 나가야 한다.

미국의 한 컴퓨터 소프트웨어 업체는 아예 경영지침을 '재미있는 일을 하라'로 정했다고 한다.

미국 기업에서는 회사기구에 '오락위원회'라는 걸 두거나 유머 최고 경영자(CHO : Chief Humor Officer)를 두어 체계적인 전략을 수립해 나가고 있다.

유머 경영의 선두주자인 사우스웨스트 항공(Southwest Airlines)의 경우에서 유머 경영 시스템의 연구 사례를 보자.

매년 12만 4000여 명이 지원하지만 단지 5000명 가량이 고용되는 사우스웨스트 항공은 유머 감각을 최고의 채용덕목으로 꼽는다. 유머 감각이 있는 사람은 창의적이고 업무처리 능력도 뛰어나다는 이유에서다.

또한 사우스웨스트 항공은 위험을 두려워하지 않으면서, 잘못되었다고 생각하면 처벌을 두려워하지 않고 스스로 의사결정을 내리는 도전정신을 중시한다.

결국 유머 감각과 현상황에 안주하지 않는 도전정신이야말로 고객에게 지속적으로 반응하고 회사를 재창조할 수 있는 인재를 원하는 사우스웨스트 항공의 채용기준인 셈이다.

유머 경영은 항공기 내 분위기에서도 느낄 수 있다.
기내 안전수칙을 랩송으로 바꾸고, 갑자기 기내 화장실에 최대 몇 명이 들어갈 수 있는지 등의 콘테스트를 열기도 한다. 스튜어디스들은 단정한 유니폼 대신 편안한 남방에 굽 없는 운동화 차림으로 손님을 맞이한다.

서비스가 가벼워 보이고 승객을 무시하는 처사라고 생각할 수도 있지만, 유머와 서비스로 고객을 편안하고 기쁘게 해주는 것에 대해 불만을 갖는 고객들은 거의 없다.

또한 종업원의 만족을 매우 중시한다. 사무실 벽은 온통 직원가족들 사진으로 가득 차 있다. 이는 직원들에게 의미가 있는 것이라면 어떤 것이든 축하를 해줌으로써 그들이 관심의 대상이 되고 있다는 것을 일깨워주려는 회사의 노력이다.

경영진들은 직원들에게 "당신들은 회사의 가장 중요한 고객이다. 승객이라도 항상 옳지는 않다."고 말하며 직원들의 기를 살려준다.

이러한 기업문화는 주인의식을 향상시켜 조직의 효율적 운영을 야기한다. 예를 들어 기장이 시간이 나면 체크인을 도와주고, 기내 승무원들은 수화물 처리를 돕기도 한다.

② 보상체제를 확립하라

사우스웨스트 항공은 이러한 인재들이 회사의 발전전략에 부응할 수 있도록 몇 가지 조치를 취하고 있다.

첫째, 회사의 성공을 공유하기 위해 이윤 분배(Profit-sharing)를 실시하고 있다.

둘째, 모두 함께 하는 문화(We're-all-in-this-together culture)를 키우려는 목적으로 종업원들에게 자신과 동료의 직무가 어떻게 조직 전체의 운영 패턴에 통합되는지를 알 수 있도록 교육하고 정보를 제공한다.

이를 통해 조직 내부의 종업원들 간의 커뮤니케이션을 촉진시키고, 전사적인 관점에서 혁신을 촉진시키는 효과를 얻는 것이다.

또한 전사적인 경영현황을 알리는 활동을 수행한다. 자사 사업의 현실을 이해시키기 위해, 회사가 이익을 내기 위해 필요한 고객의 수와 같은 기본적인 정보뿐 아니라 종업원의 기여를 촉진하기 위해서 경쟁기업 대비 성과수준, 화물처리 속도, 고객만족 등을 비교하여 자사가 어느 수준에 있는가를 매달 알려주고 있다.

직원들을 만족시키려면 웃음만으로는 부족하다. 일한 만큼 성과급이 지급되는 보상체제를 확립해야 한다. 또한 합리적인 인사제도도 중요하다. 회사를 믿을 수 있어야 웃음도 나온다.

사우스웨스트 항공의 성공비결을 묻는 질문에 켈러 회장은 "최고의 사람들을 뽑아 인간적으로 대우해줄 뿐."이라고 대답한다.

실제로 경영진들은 항공업계 경영진들의 평균 임금보다 30% 정도 적게 받지만, 종업원에게는 최고 수준을 보장하기 위해 노력하고, 경영이 아무리 어려워도 거의 해고를 하지 않는다. 위기 때는 오히려 직원 모두가 월급을 깎는 등 비용절감을 통해 함께 어려움을 극복해 나간다.

### 고객을 유머로 유인하라

고객이 상품과 서비스를 많이 구매해야 기업이 이익을 낼 수 있다. 그래서 고객에게 상품과 서비스의 판매를 알리기 위해 광고가 가능한 것이라면 서슴지 않고 무엇이든 사용하고 있다.

광고들을 가만히 살펴보면 유머로 구성하는 경우가 대부분이다. 유머의 힘을 전략적으로 이용하고 있다는 증거가 아닐 수 없다. 그러나 우리나라는 외국에 비하여 유머성 광고의 비중이 아직도 적다고 한다.

각종 판촉행사에서 고객에게 노래를 시켜 재미를 주는 등의 이벤트 행사는 이미 오래 전부터 기본이 되었다.

세계 초일류 제조업체들은 기존 제품에 끊임없이 재미와 문화, 체험, 심지어 꿈까지도 결합해 매일 새롭게 선보이고 있다. 그 예로 우리나라에도 진출하고 있는 미국 소비재회사인 P&G를 들 수 있다.

이 회사에서는 감자칩 신제품인 '프링글스프린츠'에 "사람의 심장이 하루에 뿜어내는 피는 몇 갤런인가?"라는 식의 퀴즈나 유머를 인쇄했다고 한다. 경쟁업체의 난립으로 과자류 매출이 크게 줄어들면서 고전하던 P&G가 낸 고심의 묘안이다.

결과는 대성공. 출시 이후 6개월 만에 매출 1,000만 달러(약 100억 원)를 기록, 미국 제과시장의 최고 히트상품이 되었다. '맛'으로 승부하던 제과시장에 '정보'와 '재미'라는 새로운 부가가치를 결합한 것이 성공비결이었다.

국내 영화사들이 대박을 터뜨리는 장르는 유머가 묻어나는 영화들이다. 요즘 관객들은 골치 아픈 것을 싫어한다.

경영 컨설턴트인 '폴레베스크'는 고객이 감탄할 수 있는 즐거운 비명을 '와우(Wow)' 하고 소리치도록 서비스를 제공할 것을 권한다.

감탄요인(Wow Factor)을 계속 유지하기 위해서는 감탄을 창조하는 공장인 '감탄공장(Wow Factory)'을 가동시켜야 한다고 주장한다.

중요한 점은 이 감탄스러운 요소가 고객을 행복하게 만들지만 그다지 특별한 노력이 들지 않고 단지 사소한 것들 몇 가지만 추가하면 된다는 것이다.

만족을 기쁨이나 감동으로 전환시키는 일은 아주 작은 노력에 의해서도 충분히 가능하다고 그는 강조한다.

요컨대, 고객의 소리에 귀 기울이며 고객을 행복하게 할 수 있는 고객 만족을 넘어 고객에게 '기쁨'을 주는 '서비스 경영' 기법을 개발해 나가는 것이 바람직하다.

기업이여! 고객의 '기쁨조'가 되어라. 그러면 대박을 터뜨리게 될 것이다.

맛|있|는|유|머

## 휴가계획

"있잖아, 휴가계획을 세우는 일은 언제나 장가간 사람에게는 어려울 것 없는 일이야."
"어째서 그렇지?"
"휴가 날짜는 그의 상사가 정해줄 테고 그리고…"
"그리고 또 뭐야?"
"어디로 갈 것인지는 마누라가 정해줄 것이니 말야."

## 참고문헌

정혜전, 『상대의 마음을 사로잡는 유머 기술』, 한성출판기획

릭시걸, 『대런 라쿠라와, 고객을 사로잡는 유머 경영』, 북라인

다케시마 히데다께, 『성공을 부르는 유머 화술』, 시아출판사

김진배, 『성공하는 리더를 위한 고품격 유머』, 다산북스

이재원, 「유머 텍스트연구」, 독어교육28집

구현정, 「유머 담화의 구조와 생성 기제」, 『한글 248』, 159-184.

그라이스(Grice, P., 1975), Logic and Conversation. In : P. Cole/ J. Morgan, eds., Syntax and Semantics III : Speech Acts. New York, 41-58.

김웅래, 「한국 텔레비전 코메디 프로그램의 통제유형에 관한 연구」. 『방송시대 5호』, 142-145.

김지원, 『해학과 풍자의 문학』, 서울.

남경완, 「유머 텍스트의 내적 구조와 추론 양상. 이야기 구조를 가지고 있는 유머 텍스트를 중심으로」, 『텍스트 언어학 13』, 295-314.

올리비에 르불 ,『수사학』, 한길사.

# 한국스피치&리더십센터

1. 한국스피치&리더십센터에서는 최신 SL 교육기법을 통해 대화기법, 유머기법, 연설, 발표, 강의기법, 면접기법 등을 익혀서 어떠한 상황과 장소에서도 당당하고 자신감 넘치는 스피커로 변화시켜 드립니다.

2. 교육과정

| 전문교육과정 ||
| --- | --- |
| ① 스피치 리더십 과정(초·중·고급) | ⑥ 기업체 출장 교육 과정 |
| ② CEO 커뮤니케이션 과정 | ⑦ 강사 트레이닝 과정 |
| ③ 선거연설 과정 | ⑧ 이미지 메이킹 과정 |
| ④ 레크리에이션 과정 | ⑨ 프리젠테이션 과정 |
| ⑤ 언어 클리닉 과정 | ⑩ 면접토론 과정 |

3. 개강 : 매월 초 개강

4. 당 센터 프로그램의 특징

   수강생과 상담하여 각종 테스트를 거쳐 교육 과정에 배치
   전문 강사의 개별 평가와 학습 지도 실시
   최종 평가를 통해 수료증 발급
   수료 후에도 리콜제 실시
   각 단계마다 2~3개월 과정
   개인지도도 실시
   최고의 강사진, 체계적인 최신 SL 교육 실시
   과학적이고 참신한 교육으로 스피치 능력 극대화

---

서울시 종로구 종로2가 12번지 통일빌딩 5층
Tel : 02) 737-3477 Fax : 02) 737-3478
Web Site : http://www.speech365.com
E-mail : speech365@hanmail.net

# 가림출판사 · 가림M&B · 가림Let's에서 나온 책들

## 문 학

**바늘구멍**
켄 폴리트 지음 / 홍영의 옮김 / 신국판 / 342쪽 / 5,300원

**레베카의 열쇠**
켄 폴리트 지음 / 손연숙 옮김 / 신국판 / 492쪽 / 6,800원

**암병선**
니시무라 쥬코 지음 / 홍영의 옮김 / 신국판 / 300쪽 / 4,800원

**첫키스한 얘기 말해도 좋아**
김정미 외 7명 지음 / 신국판 / 228쪽 / 4,000원

**사미인곡 (上·中·下)**
김충호 지음 / 신국판 / 각 권 5,000원

**이내의 끝자리**
박수완 스님 지음 / 국판변형 / 132쪽 / 3,000원

**너는 왜 나에게 다가서야 했는지**
김충호 지음 / 국판변형 / 124쪽 / 3,000원

**세계의 명언**
편집부 엮음 / 신국판 / 322쪽 / 5,000원

**여자가 알아야 할 101가지 지혜**
제인 아서 엮음 / 지창국 옮김 / 4×6판 / 132쪽 / 5,000원

**현명한 사람이 읽는 지혜로운 이야기**
이정민 엮음 / 신국판 / 236쪽 / 6,500원

**성공적인 표정이 당신을 바꾼다**
마츠오 도오루 지음 / 홍영의 옮김 / 신국판 / 240쪽 / 7,500원

**태양의 법**
오오카와 류우호오 지음 / 민병수 옮김 / 신국판 / 246쪽 / 8,500원

**영원의 법**
오오카와 류우호오 지음 / 민병수 옮김 / 신국판 / 240쪽 / 8,000원

**석가의 본심**
오오카와 류우호오 지음 / 민병수 옮김 / 신국판 / 246쪽 / 10,000원

**옛 사람들의 재치와 웃음**
강형중·김경익 편저 / 신국판 / 316쪽 / 8,000원

**지혜의 쉼터**
쇼펜하우어 지음 / 김충호 엮음 / 4×6판 양장본 / 160쪽 / 4,300원

**헤세가 너에게**
헤르만 헤세 지음 / 홍영의 엮음 / 4×6판 양장본 / 144쪽 / 4,500원

**사랑보다 소중한 삶의 의미**
크리슈나무르티 지음 / 최유영 엮음 / 신국판 / 180쪽 / 4,000원

**장자-어찌하여 알 속에 털이 있다 하는가**
홍영의 엮음 / 4×6판 / 180쪽 / 4,000원

**논어-배우고 매로 익히면 즐겁지 아니한가**
신도희 엮음 / 4×6판 / 180쪽 / 4,000원

**맹자-가까이 있는데 어찌 먼 데서 구하려 하는가**
홍영의 엮음 / 4×6판 / 180쪽 / 4,000원

**아름다운 세상을 만드는 사랑의 메시지 365**
DuMont monte Verlag 엮음 / 장성호 옮김
4×6판 변형 양장본 / 240쪽 / 8,000원

**황금의 법**
오오카와 류우호오 지음 / 민병수 옮김 / 신국판 / 320쪽 / 12,000원

**왜 여자는 바람을 피우는가**
기셀라 룬테 지음 / 김현성·진정미 옮김 / 국판 / 200쪽 / 7,000원

**세상에서 가장 아름다운 선물** 김인자 지음
엄마가 두 딸에게 주는 인생의 지침서. 같은 여성으로서의 엄마, 친구로서의 엄마, 삶의 등대로서의 엄마가 딸들에게 바라는 점, 두 딸을 키우면서 세운 교육관 등이 솔직하게 담겨 있다. 또한 딸들과 주고받은 편지, 메모는 서로 교감하는 부모와 자녀의 사이를 발해주는 일종의 답안으로 제시되고 있다.
국판변형 / 292쪽 / 9,000원

**수능에도 나오는 한국 단편 33** 윤종필 엮음
수능 시험에 대비하기 위해 중·고등학교 시절에 반드시 읽어두어야 할 한국 문학의 대표적인 단편 33선을 엄선하여 수록. 이 책에 수록된 대표 단편들은 청소년기의 간접 경험을 위한 매체, 세대를 초월하는 교류 수단, 삶의 활력소가 되어 줄 것이다. 또한 수능 및 내신, 논술 대비에 많은 도움을 줄 것이다.
신국판 / 704쪽 / 11,000원

**수능에도 나오는 한국 현대 단편 소설** 윤종필 엮음 및 해설
1960~1970년대 한국을 대표하는 단편소설을 현행 교과정에 적합한 작품들을 엮어 청소년들의 학습에도 도움이 되도록 하였고, 더불어 소설 작품을 읽음으로써 간접 경험을 할 수 있게 하였으며, 풍부한 상상력을 키워갈 수 있도록 하였다. 각 작품에 대한 요점 정리도 해놓아 학습 효과도 높일 수 있다.
신국판 / 364쪽 / 11,000원

**수능에도 나오는 세계단편(영미권)** 지창영 옮김 / 윤종필 엮음 및 해설
1920~1950년대 단편 소설 분야 최고 작가의 작품만을 엄선하여 수록. 미국과 영국의 단편선을 통하여 그 나라의 정신적 가치, 문화적 특징을 접함으로써 정신적인 성장을 할 수 있는 계기가 될 수 있을 것이다.
신국판 / 328쪽 / 10,000원

**수능에도 나오는 세계단편(유럽권)** 지창영 옮김 / 윤종필 엮음 및 해설
1920~1950년대 프랑스, 러시아, 독일의 특색을 온전히 느낄 수 있고 그 나라를 대표할 수 있는 작가의 작품만을 엄선하여 12편을 실은 것이다. 이 작품들은 몇 백 년이 흐른 지금에도 전 세계인들이 애독하고 있는 불후의 명작들에 속한다.
신국판 / 360쪽 / 11,000원

## 건 강

**식초건강요법**
건강식품연구회 엮음 / 신재용(해성한의원 원장) 감수
가장 쉽게 구할 수 있고 경제적인 식품이면서 상상할 수 없을 정도로 뛰어난 약효를 지닌 식초의 모든 것을 담은 건강지침서!
신국판 / 224쪽 / 6,000원

**아름다운 피부미용법** 이순희(한독피부미용학원 원장) 지음
피부조직에 대한 기초 이론과 우리 몸의 생리를 알려줌으로써 아름다운 피부, 젊은 피부를 오래 유지할 수 있는 비결 제시!
신국판 / 296쪽 / 6,000원

**버섯건강요법** 김병각 외 6명 지음
종양 억제율 100%에 가까운 96.7%를 나타내는 기적의 약용버섯 등 신비의 버섯을 통하여 암을 치료하고 비만, 당뇨, 고혈압, 동맥경화 등 각종 성인병 예방을 위한 생활 건강 지침서!
신국판 / 286쪽 / 8,000원

**성인병과 암을 정복하는 유기게르마늄**
이상현 편저 / 카오 사오 감수
최근 들어 각광을 받고 있는 새로운 치료제인 유기게르마늄을 통한 성인병, 각종 암의 치료에 대해 상세히 소개.
신국판 / 312쪽 / 9,000원

**난치성 피부병** 생약효소연구원 지음
현대의학으로도 치유불가능했던 난치성 피부병인 건선·아토피(태열)의 완치요법이 수록된 건강 지침서.
신국판 / 232쪽 / 7,500원

**新 방약합편** 정도명 편역
자신의 병을 알고 증세에 맞춰 스스로 처방을 할 수 있고 조제할 수 있는 보약 506가지 수록. 신국판 / 416쪽 / 15,000원

**자연치료의학** 오홍근(신경정신과 의학박사·자연의학박사) 지음
대한민국 최초의 자연의학박사가 밝힌 신비의 자연치료의학으로 자연산물을 이용하여 부작용 없이 치료하는 건강 생활 비법 공개!! 신국판 / 472쪽 / 15,000원

**약초의 활용과 가정한방** 이인성 지음

주변의 흔한 식물과 약초를 활용하여 각종 질병을 간편하게 예방·치료할 수 있는 비법제시. 신국판 / 384쪽 / 8,500원

**역전의학** 이시하라 유미 지음 / 유태종 감수
일반상식으로 알고 있는 건강상식에 대해 전혀 새로운 관점에서 비판하고 아울러 새로운 방법들을 제시한 건강 혁명 서적!!
신국판 / 286쪽 / 8,500원

**이순희식 순수피부미용법** 이순희(한독피부미용학원 원장) 지음
자신의 피부에 맞는 관리법으로 스스로 피부관리를 할 수 있는 방법을 제시하는 책 속 부록으로 천연팩 재료 사전과 피부 타입별 팩 고르기. 신국판 / 304쪽 / 7,000원

**21세기 당뇨병 예방과 치료법** 이현철(연세대 의대 내과 교수) 지음
세계 최초 유전자 치료법을 개발한 저자가 당뇨병과 대항하여 가장 확실하게 이길 수 있는 당뇨병에 대한 올바른 이론과 발병시 대처 방법을 상세히 수록. 신국판 / 304쪽 / 9,500원

**신재용의 민의학 동의보감** 신재용(해성한의원 원장) 지음
주변의 흔한 먹거리를 이용해 신비의 명약이나 보약으로 활용할 수 있는 건강 지침서로서 저자가 TV나 라디오에서 다 밝히지 못한 한방 및 민간요법까지 상세히 수록!! 신국판 / 476쪽 / 10,000원

**치매 알면 치매 이긴다** 배오성(백상한방병원 원장) 지음
B.O.S.요법으로 뇌세포의 기능을 활성화시키고 엔돌핀의 분비효과를 극대화시켜 증상에 맞는 한약 처방을 병행하여 치매를 치유하는 획기적인 치유법 제시. 신국판 / 312쪽 / 10,000원

**21세기 건강혁명 밥상 위의 보약 생식** 최경순 지음
항암식품으로, 다이어트식으로, 젊고 탄력적인 피부를 유지할 수 있게 해주는 자연식으로의 생식을 소개하여 현대인의 건강 길라잡이가 되도록 하였다. 신국판 / 348쪽 / 9,800원

**기치유와 기공수련** 윤한홍(기치유 연구회 회장) 지음
누구나 노력만 하면 개발할 수 있고 활용할 수 있는 기 수련 방법과 기치유 개발 방법 소개. 신국판 / 340쪽 / 12,000원

**만병의 근원 스트레스 원인과 퇴치** 김지혁(김지혁한의원 원장) 지음
만병의 근원인 스트레스를 속속들이 파헤치고 예방법까지 속시원하게 제시!! 신국판 / 324쪽 / 9,500원

**김종성 박사의 뇌졸중 119** 김종성 지음
우리나라 사망원인 1위. 뇌졸중 분야의 최고 권위자인 저자가 일상생활에서의 건강관리부터 환자간호에 이르기까지 뇌졸중의 예방, 치료법 등 모든 것 수록. 신국판 / 356쪽 / 12,000원

**탈모 예방과 모발 클리닉** 장정훈·전재홍 지음
미용적인 측면과 우리가 일상적으로 고민하고 궁금해 하는 털에 관한 내용들을 다양하고 재미있게 예들을 들어가면서 흥미롭게 풀어간 것이 이 책의 특징. 신국판 / 252쪽 / 8,000원

**구태규의 100% 성공 다이어트** 구태규 지음
하이틴 영화배우의 다이어트 체험이다. 저자만의 다이어트법을 제시하면서 바람직한 다이어트에 대해서도 알려준다. 건강하게 날씬해지고 싶은 사람들을 위한 필독서!
4×6배판 변형 / 240쪽 / 9,900원

**암 예방과 치료법** 이춘기 지음
암환자와 가족들을 위해서 암의 치료방법에서부터 합병증의 예방 및 암이 생기기 전에 알 수 있는 방법에 이르기까지 상세하게 해설해 놓은 책. 신국판 / 296쪽 / 11,000원

**알기 쉬운 위장병 예방과 치료법** 민영일 지음
소화기관인 위와 관련기관들의 여러 질환을 발병 원인, 증상, 치료법을 중심으로 알기 쉽게 해설해 놓은 건강서.
신국판 / 328쪽 / 9,900원

**이온 체내혁명** 노부루 야마노이 지음 / 김병관 옮김
새로운 건강관리 이론으로 주목을 받고 있는 음이온을 통해 건강을 찾을 수 있는 방법 제시. 신국판 / 272쪽 / 9,500원

**어혈과 사혈요법** 정지천 지음
침과 부항요법 등을 사용하여 모든 질병을 다스릴 수 방법과 우리 주변에서 흔하게 접할 수 있는 각 질병의 상황별 처치를 혈자리 그림과 함께 해설. 신국판 / 308쪽 / 12,000원

**약손 경락마사지로 건강미인 만들기** 고정환 지음
경락과 민족 고유의 정신 약손을 결합시킨 약손 성형경락 마사지로 수술하지 않고도 자신이 원하는 부위를 고치는 방법이 소개되는 건강 미용서. 4×6배판 변형 / 284쪽 / 15,000원

**정유정의 LOVE DIET** 정유정 지음
널리 알려진 온갖 다이어트 방법으로 살을 빼려고 노력했던 저자의 고통스러웠던 다이어트 체험담이 실려 있기 때문에 고민하는 사람들이 가슴에 와 닿는 나만의 다이어트 계획을 나름대로 세울 수 있을 것이다. 4×6배판 변형 / 196쪽 / 10,500원

**머리에서 발끝까지 예뻐지는 부분다이어트** 신상만·김선미 지음
한약을 먹거나 침을 맞아 살을 빼는 방법, 아로마요법을 이용한 다이어트법, 운동을 이용한 부분만이 해소법 등이 실려 있으므로 나에게 맞는 방법을 선택해 날씬하고 예쁜 몸매를 만들 수 있을 것이다. 4×6배판 변형 / 196쪽 / 11,000원

**알기 쉬운 심장병 119** 박승정 지음
심장병에 관해 심장질환이 생기는 원인, 증상, 치료법을 중심으로 내용을 상세하게 해설해 놓은 건강서. 신국판 / 248쪽 / 9,000원

**알기 쉬운 고혈압 119** 이정균 지음
생활 속의 고혈압에 관해 일반인들이 관심을 가지고 예방할 수 있도록 고혈압의 원인, 증상, 합병증 등을 상세하게 해설해 놓은 건강서. 신국판 / 304쪽 / 10,000원

**여성을 위한 부인과질환의 예방과 치료** 차선희 지음
남들에게는 말할 수 없는 증상들로 고민하고 있는 여성들을 위해 부인암, 골다공증, 빈혈 등 부인과질환을 원인 및 치료방법을 중심으로 설명한 여성건강 정보서.
신국판 / 304쪽 / 10,000원

**알기 쉬운 아토피 119** 이승규·임승엽·김문호·안유일 지음
감기처럼 흔하지만 암만큼 무서운 아토피 피부염의 원인에서부터 증상, 치료방법, 임상사례, 민간요법을 적용한 환자들의 경험담 등 수록. 신국판 / 232쪽 / 9,500원

**120세에 도전한다** 이권행 지음
아프지 않고 건강하게 오래 살기를 바라는 현대인들에게 우리 체질에 맞는 식생활습관, 심신 활동, 생활습관, 체질별·나이별 양생법을 소개. 장수하고픈 독자들의 궁금증을 풀어줄 것이다.
신국판 / 308쪽 / 11,000원

**건강과 아름다움을 만드는 요가** 정필식 지음
책을 보고서 집에서 혼자서도 할 수 있는 요가법 수록. 각종 질병에 따른 요가 수정체조법도 담았으며, 별책 부록으로 한눈에 보는 요가 차트 수록. 4×6배판 변형 / 224쪽 / 14,000원

**우리 아이 건강하고 아름답게 롱다리로 만들기** 김성훈 지음
키 작은 우리 아이를 롱다리로 만드는 비법공개. 식사습관과 생활습관만의 변화로도 키를 크게 할 수 있으므로 키 작은 자녀를 둔 부모의 고민을 해결해 준다. 대국전판 / 236쪽 / 10,500원

**알기 쉬운 허리디스크 예방과 치료** 이춘서 지음
전문가들의 의견, 허리병의 치료에서 가장 중요한 운동치료, 허리디스크와 통증에 관해 언론에서 잘못 소개한 기사나 과장 보도의 기사, 대상이 광범위함으로써 생기고 있는 사이비 의술 및 상업적인 의술을 시행하는 상업적인 병원 등을 소개함으로써 허리병을 앓고 있는 사람들에게 정확하고 올바른 지식을 전달하고자 하는 길라잡이서. 대국전판 / 336쪽 / 12,000원

**소아과 전문의에게 듣는 알기 쉬운 소아과 119** 신영규·이강우·최성항 지음
새내기 엄마, 아빠를 위해 올바른 육아법을 제시하고 각종 질병에 대한 치료법 및 예방법, 응급처치법을 소개.
4×6배판 변형 / 280쪽 / 14,000원

**피가 맑아야 건강하게 오래 살 수 있다** 김영찬 지음
현대인이 앓고 있는 고혈압, 당뇨병, 심장병 등은 피가 끈적거리고 혈관이 너덜거려서 생기는 질병이다. 이러한 성인병을 치료하려면 식이요법, 생활습관 개선 등을 통해 피를 맑게 해야 한다. 이 책에서는 피를 맑게 하기 위해 필요한 처방, 생활습관 개선법을 한의학적 관점에서 상세하게 설명하고 있다.
신국판 / 256쪽 / 10,000원

**웰빙형 피부 미인을 만드는 나만의 셀프 피부건강** 양해원 지음
모든 사람들이 관심 있어 하는 피부 관리를 집에서 할 수 있게 해주는 실용서. 집에서 간단하게 만들 수 있는 화장수, 팩 등을 소개하여 즐거움과 손안의 미용서 역할을 하고 있다.
대국전판 / 144쪽 / 10,000원

**내 몸을 살리는 생활 속의 웰빙 항암 식품** 이승남 지음
암=사형 선고라는 고정 관념을 깨자는 전제 아래 우리 밥상에서 흔히 볼 수 있는 먹거리로 암을 예방하며 치료하는 방법 소개. 암환자와 그 가족들에게 희망을 안겨 줄 것이다.
대국전판 / 248쪽 / 9,800원

**마음한글, 느낌한글** 박완식 지음
훈민정음의 창제원리를 이용한 한글명상, 한글요가, 한글체조로 지금까지의 요가나 명상과는 차원이 다른 더욱 더 효과적인 수련으로 이제 당신 앞에 새로운 세계가 펼쳐진다.

4×6배판 / 300쪽 / 15,000원

### 행복 동의보감의 발마사지 10분  최미희 지음, 신재용 감수
발이 병나면 몸에도 병이 생긴다. 우리 몸 중에서 가장 천대받으면서도 가장 많은 일을 하는 발을 새롭게 인식하는 추세에 맞추어 발을 가꾸어 건강을 지키는 방법 제시. 각 질병별 발마사지 부위를 구체적으로 설명하고 있다. 텔레비전을 보면서 하는 15분의 발마사지가 피로를 풀어주고 건강을 지켜줄 것이다.
4×6배판 변형 / 204쪽 / 13,000원

### 아름다운 몸, 건강을 위한 목욕 건강 30분  임하성 지음
우리가 흔히 대수롭지 않게 여기고 하는 습관 중에 하나가 목욕일 것이다. 그러나 이제 목욕도 건강과 관련시켜 올바른 방법으로 해야 한다. 웰빙 시대, 웰빙 라이프에 맞는 올바른 목욕법을 피부 관리 및 우리들의 생활 패턴에 맞추어 재시해 본다.
대국전판 / 176쪽 / 9,500원

### 내가 만드는 한방생주스 60  김영섭 지음
일반적인 과일·야채 주스에 21가지 한약재로 기본 음료를 만들어 맛과 영양을 고루 갖춘 최초의 웰빙 한방 건강음료 만드는 법 60가지 수록!! 각 음료마다 만드는 법과 효능을 실어 우리 가족 건강을 지키는 건강지침서의 역할을 한다.
국판 / 112쪽 / 7,000원

### 몸을 살리는 건강식품  백은희·조창호·최양진 지음
스트레스에 시달리는 현대인들에게 자연 영양소를 공급해 주는 건강기능식품에 관한 상세한 정보를 담고 있다. 나에게 필요한 영양소는 어떤 것이 있으며, 어떻게 섭취했을 때 가장 큰 효과를 얻을 수 있는지 등을 조목조목 설명해 놓은 것이 눈에 띈다.
신국판 / 384쪽 / 11,000원

### 건강도 키우고 성적도 올리는 자녀 건강  김진돈 지음
자녀를 둔 부모라면 가장 먼저 생각하는 것이 자녀의 건강일 것이다. 특히 수험생을 둔 부모라면 그 관심은 말로 단정짓을 수 없다. 수험생 자신이나 부모가 알아야 할 평소 건강 관리법, 제일 이겨내기 힘든 계절인 여름철 건강 관리법, 조심해야 할 질병들에 대해 예방법, 치료법을 상세하게 소개하고 있다.
신국판 / 304쪽 / 12,000원

### 알기 쉬운 간질환 119  이관식 지음
간염이 있는 사람이 술잔을 돌릴 경우 간염이 전염될까? 우리는 간이 소중한 존재임을 알면서도 혹사시키는 일이 많다. 간염 전염 및 간경화, 간암 등에 대한 잘못된 지식을 제대로 잡아주고 간과 관련된 병을 예방하는 법, 병에 걸렸을 때 치료하고 관리하는 법 등을 상세히 수록하여 간을 건강하게 지킬 수 있도록 해준다.
신국판 / 264쪽 / 11,000원

### 밥으로 병을 고친다  허봉수 지음
우리가 하루 세 끼 식사에서 대하는 밥상이 우리의 건강을 지켜주는 최고의 건강지킴이다. 이 간단 명료한 진리를 알면서도 우리는 다른 방법으로 건강을 지키려고 한다. 건강을 지키는 일은 어렵고 특별한 일이 아니라 보통의 밥상에서 지킬 수 있는 일임을 강조하고 거기에 맞는 실제 사례를 제시하여 비슷한 사례에서 응용할 수 있게 내용을 구성하고 있다.
대국전판 / 352쪽 / 13,500원

### 알기 쉬운 신장병 119  김형규 지음
신장병은 특별한 증상이 없어 조기진단이 힘들다고 한다. 그러나 진단과 치료의 혜택으로 완치를 할 수 있는 병이라고도 한다. 일상생활 속에서 신장병을 파악하는 자가진단법, 신장병을 검사하고 치료하는 방법, 신장병과 관련 되는 질병들을 일반인들이 이해하기 쉬운 수준에서 설명하고 있다. 또한 신장병과 관련 있는 생활 속의 정보를 부록으로 수록하여 내용의 깊이를 더해 주고 있다.
신국판 / 240쪽 / 10,000원

### 마음의 감기 치료법 우울증 119  이민수 지음
우울증에는 예외의 대상이 없다. 현대인이라면 누구나 우울증에 걸릴 수 있다는 전제 아래 일반인들이 쉽게 이해할 수 있는 우울증을 담고 있다. 남에게, 가족에게 숨겨야 하는 몹쓸 병이 아니라 바르고 정확하게 우울증과 건강한 삶을 누릴 수 있는 병임을 알리면서 우울증을 치료하는 법, 환자 본인과 가족 및 주위에서 가져야 할 자세 등을 알려준다.
대국전판 / 232쪽 / 9,800원

### 관절 119  송영욱 지음
"비가 오려나? 왜 이리 무릎이 쑤시나." 이렇게 표현되는 관절염에는 일반인들이 잘 알지 못하는 다른 종류의 관절염도 있다. 이러한 관절염을 일반인들의 입장에서 쉽게 이해하고 예방하고 치료할 수 있는 방법을 소개하는다. 생활 속에서의 습관을 고치

고 운동을 통해서 허리나 다리가 아픈 통증에서 벗어날 수 있다.
대국전판 / 224쪽 / 9,800원

### 내 딸을 위한 미성년 클리닉  강병문·이향아·최정원 지음
서울 아산병원 미성년 클리닉팀의 새로운 제안!! 청소년기의 건강상태는 평생을 좌우 한다. 이 시기를 어떻게 보내느냐에 따라 60년 인생이 완전히 달라질 수 있다. 특히 여자라면 꼭 알아야할 건강 이야기로 자라나는 우리 딸들이 자신의 몸을 소중히 하는데 도움이 될 것이다.
국판 / 148쪽 / 8,000원

### 암을 다스리는 기적의 치유법
케이 세이헤이 감수 / 카와키 나리카즈 지음 / 민병수 옮김
저분자 수용성 키토산의 파워!! 항암제나 방사선 치료의 부작용을 경감시키고 그 효과를 오래 지속시켜주는 효과를 비롯한 키토산의 6대 항암 효과를 통하여 암에 탁월한 효과가 있는 수용성 키토산의 전신 면역 요법에 대하여 알 수 있을 것이다. 더불어 자연 치유력에 대한 강한 믿음을 갖게 된다.
신국판 / 256쪽 / 9,000원

# 교 육

### 우리 교육의 창조적 백색혁명
원상기 지음 / 신국판 / 206쪽 / 6,000원

### 현대생활과 체육
조창남 외 5명 공저 / 신국판 / 340쪽 / 10,000원

### 퍼펙트 MBA  IAE유학네트 지음 / 신국판 / 400쪽 / 12,000원

### 유학길라잡이 I  미국편
IAE유학네트 지음 / 4×6배판 / 372쪽 / 13,900원

### 유학길라잡이 II  4개국편
IAE유학네트 지음 / 4×6배판 / 348쪽 / 13,900원

### 조기유학길라잡이.com
IAE유학네트 지음 / 4×6배판 / 428쪽 / 15,000원

### 현대인의 건강생활
박상호 외 5명 공저 / 4×6배판 / 268쪽 / 15,000원

### 천재아이로 키우는 두뇌훈련
나카마츠 요시로 지음 / 민병수 옮김
머리가 좋은 아이로 키우기 위한 환경 만들기, 식사, 운동 등 연령별 두뇌 훈련법 소개. 국판 / 288쪽 / 9,500원

### 두뇌혁명  나카마츠 요시로 지음 / 민병수 옮김
『뇌내혁명』, 하루야마 시게오의 추천작!! 어른들을 위한 두뇌 개발서로, 풍요로운 인생을 만들기 위한 '뇌'와 '몸' 자극법 제시.
4×6판 양장본 / 288쪽 / 12,000원

### 테마별 고사성어로 익히는 한자
김경익 지음 / 4×6배판 변형 / 248쪽 / 9,800원

### 생 공부비법  이은승 지음
국내 최초 수학과외 수출의 주인공 이은승이 개발한 자기만의 맞춤식 공부학습법. 공부도 하는 방법을 알면 목표를 달성할 수 있다고 용기를 북돋우어 주는 실전 공부 비법서.
대국전판 / 272쪽 / 9,500원

### 자녀를 성공시키는 습관만들기  배은경 지음
성공하는 자녀를 꿈꾸는 부모들이 알아야 할 자녀 교육법 소개. 부모는 자녀 인생의 주연이 아님을 알아야 하며 부모의 좋은 습관, 건전한 생각이 자녀의 성공 인생을 가져온다는 내용을 담은 부모 및 자녀 모두를 위한 자기 계발서.
대국전판 / 232쪽 / 9,500원

### 한자능력검정시험 1급  한자능력검정시험연구위원회 편저
한자능력검정시험의 최상급인 1급 대비서. 2~8급 배정한자(2355자)를 포함하는 1급 배정한자 3500자에 관한 유래, 활용 예, 사자성어, 예상문제 등을 완벽 수록하여 전반적인 한자 지식을 기할 수 있게 하였다. 또한 쓰기 배정한자 2005자에 대한 부록도 수록하여 읽기와 쓰기 한자 익힘이 완벽하게 이루어지도록 하였다.
4×6배판 / 568쪽 / 21,000원

### 한자능력검정시험 2급  한자능력검정시험연구위원회 편저
국어사전식 단어 배열. 내용을 쉽게 이해할 수 있도록 도와 주는 일러스트, 기출 문제의 완전 분석을 바탕으로 한 예상 문제 수록 등 한자능력검정시험 2급을 준비하는 사람들을 위한 완벽 대비

서. 4×6배판 / 472쪽 / 18,000원

**한자능력검정시험 3급(3급II)** 한자능력검정시험연구위원회 편저
4급 한자를 포함한 3급·3급II 배정한자 1817자 각 한자에 대한 어원 및 실용 사례를 수록하였다. 각 한자의 배열은 가, 나, 다…의 국어사전식 배열을 채택하여 음만 알아도 한자를 쉽게 찾을 수 있게 하였다. 또한 한자의 이해를 돕는 일러스트, 3급·3급II 한자를 포함한 실생활에 응용할 수 있는 생활 한자 코너를 배정하여 학습의 깊이를 더해주고 있다. 끝으로 기출문제 분석에 맞춘 예상 문제와 쓰기 배정 한자를 실어 3급·3급II 한자 학습을 완전하게 익힐 수 있게 하였다. 4×6배판 / 440쪽 / 17,000원

**한자능력검정시험 4급(4급II)** 한자능력검정시험연구위원회 편저
국어사전식 단어 배열, 4급 한자 1000자 필순 수록, 생활에서 활용할 수 있는 활용 한자 요점정리, 생활 속에서 자주 쓰이는 약자, 한자의 이해를 돕기 위한 일러스트와 유래 설명, 4급 한자 1000자를 응용한 한자 심화 학습, 기출 문제를 완전 분석한 후 그에 따라 엄선한 예상문제 수록 등 4급 한자 익히기와 시험에 대비하는 모든 사람들을 위한 완벽 대비서.
4×6배판 / 352쪽 / 15,000원

**한자능력검정시험 5급** 한자능력검정시험연구위원회 편저
국어사전식 단어 배열, 5급 한자 500자 따라 쓰기, 생활에서 활용할 수 있는 활용 한자 요점정리, 한자의 이해를 돕기 위한 일러스트와 유래 설명, 기출 문제를 완전 분석한 후 그에 따라 엄선한 예상문제 수록 등 5급 한자 익히기와 시험에 대비하는 모든 사람들을 위한 완벽 대비서.
4×6배판 / 264쪽 / 11,000원

**한자능력검정시험 6급** 한자능력검정시험연구위원회 편저
국어사전식 단어 배열, 6급 한자 300자 따라 쓰기, 생활에서 활용할 수 있는 활용 한자 요점정리, 한자의 이해를 돕기 위한 일러스트와 유래 설명, 기출 문제를 완전 분석한 후 그에 따라 엄선한 예상문제 수록 등 6급 한자 익히기와 시험에 대비하는 모든 사람들을 위한 완벽 대비서. 4×6배판 / 168쪽 / 8,500원

**한자능력검정시험 7급** 한자능력검정시험연구위원회 편저
국어사전식 단어 배열, 각 한자 배우기에 도움이 되는 일러스트를 곁들이고 한자의 구성 원리를 설명해 놓아 한자 배우기가 재미있고 쉽다. 또한 따라쓰기를 통해 한자 익히기를 완전하게 끝낼 수 있도록 하였으며 활용 예문을 다양하게 예시해 놓았다.
4×6배판 / 152쪽 / 7,000원

**한자능력검정시험 8급** 한자능력검정시험연구위원회 편저
8급 한자 50자에 대해 각 한자 배우기에 도움이 되는 일러스트를 곁들이고, 한자의 구성 원리를 설명해 놓아 한자 배우기가 재미있고 쉽다. 또한 따라쓰기를 통해 한자 익히기를 완전하게 끝낼 수 있도록 하였으며 기본 50개의 한자를 활용한 예문을 다양하게 예시해 놓았다. 4×6배판 / 112쪽 / 6,000원

**볼링의 이론과 실기**
이택상 지음 / 신국판 / 192쪽 / 9,000원

## 취미·실용

**김진국과 같이 배우는 와인의 세계** 김진국 지음
포도주 역사에서 분류, 원료 포도의 종류와 재배, 양조·숙성·저장, 시음법, 어울리는 요리와 와인의 유통과 소비, 와인 시장의 현황과 전망, 와인 판매 요령, 와인의 보관과 재고의 회전, '와인 양조 비밀의 모든 것'을 동영상으로 담은 CD까지, 와인의 모든 것이 담긴 종합학습서.
국배판 변형양장본(올 컬러판) / 208쪽 / 30,000원

## 경제·경영

**CEO가 될 수 있는 성공법칙 101가지**
김승룡 편역 / 신국판 / 320쪽 / 9,500원

**정보소프트** 김승룡 지음 / 신국판 / 324쪽 / 6,000원

**기획대사전** 다카하시 겐코 지음 / 홍영의 옮김
기획에 관련된 모든 사항을 실례와 도표를 통하여 초보자에서 프로기획맨에 이르기까지 효율적으로 활용할 수 있도록 체계적으로

총망라하였다. 신국판 / 552쪽 / 19,500원

**맨손창업·맞춤창업 BEST 74** 양혜숙 지음
창업대행 현장 전문가가 추천하는 유망업종을 7가지 주제별로 나누어 수록한 맞춤창업서로 창업예비자들에게 창업의 길을 밝혀줄 발로 뛰면서 만든 실무 지침서!! 신국판 / 416쪽 / 12,000원

**무자본, 무점포 창업! FAX 한 대면 성공한다**
다카시로 고시 지음 / 홍영의 옮김 / 신국판 / 226쪽 / 7,500원

**성공하는 기업의 인간경영** 중소기업 노무 연구회 편저 / 홍영의 옮김
무한경쟁시대에서 각 기업들의 다양한 경영 실태 속에서 인사·노무 관리 개선에 있어서 기업의 효율을 높이고 발전을 이룰 수 있는 원칙을 제시. 신국판 / 368쪽 / 11,000원

**21세기 IT가 세계를 지배한다** 김광희 지음
21세기 화두로 떠오른 IT혁명의 경쟁력에 대해서 전문가의 논리적이고 철저한 해설과 더불어 매장 끝까지 실제 사례를 곁들여 설명. 신국판 / 380쪽 / 12,000원

**경제기사로 부자아빠 만들기** 김기태·신현태·박근수 공저
날마다 배달되는 경제기사를 꼼꼼히 챙겨보는 사람만이 현대생활에서 부자가 될 수 있다. 언론인의 현장감각과 학자의 전문성을 접목시킨 것이 이 책의 특성! 누구나 이 책을 읽고 경제원리를 체득, 경제예측을 할 수 있게 준비된 생활경제서.
신국판 / 388쪽 / 12,000원

**포스트 PC의 주역 정보가전과 무선인터넷** 김광희 지음
포스트 PC의 주역으로 급부상하고 있는 정보가전과 무선인터넷 그리고 이를 구현하기 위한 관련 테크놀러지를 체계적으로 소개.
신국판 / 356쪽 / 12,000원

**성공하는 사람들의 마케팅 바이블** 채수명 지음
최근의 이론을 보완하여 내놓은 마케팅 관련 실무서. 마케팅의 정보전략, 핵심요소, 컨설팅실무까지 저자의 노하우와 창의적인 이론이 결합된 마케팅서. 신국판 / 328쪽 / 12,000원

**느린 비즈니스로 돌아가라**
사카모토 게이이치 지음 / 정성호 옮김
미국식 스피드 경영에 익숙해져 현실의 오류를 간과하고 있는 사람들을 위하여 어떻게 팔 것인가보다 무엇을 팔 것인가를 설명하는 마케팅 컨설턴트의 대안 제시서! 신국판 / 276쪽 / 9,000원

**적은 돈으로 큰돈 벌 수 있는 부동산 재테크** 이원재 지음
700만 원으로 부동산 재테크에 뛰어들어 100배 불린 저자가 부동산 재테크를 계획하고 있는 사람들이 반드시 알아두어야 할 내용을 경험담을 담아 해설해 놓은 경제서.
신국판 / 340쪽 / 12,000원

**바이오혁명** 이주영 지음
21세기 국가간 경쟁부문으로 새로이 떠오르고 있는 바이오혁명에 관한 기초지식을 언론사에 몸담고 있는 현직 기자가 아주 쉽게 해설해 놓은 바이오 가이드서. 바이오 관련 용어 해설 수록.
신국판 / 328쪽 / 12,000원

**성공하는 사람들의 자기혁신 경영기술** 채수명 지음
자기 계발을 통한 신지식 자기경영마인드를 갖추어야 한다는 전제 아래 그 방법을 자세하게 알려주는 자기계발 지침서.
신국판 / 344쪽 / 12,000원

**CFO** 교텐 토요오·타하라 오키시 지음 / 민병수 옮김
일반인들에게 생소한 용어인 CFO, 즉 최고 재무책임자의 역할이 지금까지와는 완전히 달라져야 한다. 기업을 이끌어가는 키잡이로서의 CFO의 역할, 위상 등을 일본의 기업을 중심으로 하여 알아보고 바람직한 방향을 제시한다.
신국판 / 312쪽 / 12,000원

**네트워크시대 네트워크마케팅** 임동학 지음
학력, 사회적 지위 등에 관계 없이 자신이 노력한 만큼 돈을 벌 수 있는 네트워크마케팅에 관해 알려주는 안내서.
신국판 / 376쪽 / 12,000원

**성공리더의 7가지 조건**
다이앤 트레이시·윌리엄 모건 지음 / 지창영 옮김
개인과 팀, 조직관계의 개선을 위한 방향제시 및 실천을 위한 안내자 역할을 해주는 책. 현장에서 활용할 수 있는 실용서.
신국판 / 360쪽 / 9,000원

**김종결의 성공창업** 김종결 지음
누구나 창업을 할 수는 있지만 아무나 돈을 버는 것은 아니다라는 전제 아래 중견 연기자로서, 음식점 사장님으로 성공한 탤런트 김종결의 성공비결을 통해 창업전략과 성공전략을 제시한다.
신국판 / 340쪽 / 12,000원

## 부동산

**최악의 타이밍에 내 집 마련하는 기술** 이원재 지음
부동산을 통한 재테크의 첫걸음 '내 집 마련'의 길잡이. 체계적이고 한눈에 쏙 들어오는 '내 집 장만 과정'을 쉽게 풀어놓은 부동산재테크서. 신국판 / 248쪽 / 10,500원

**컨설팅 세일즈** 임동학 지음
발로 뛰는 영업이 아니라 머리로 하는 영업이 절실히 요구되는 시대 상황에 맞추어 고객지향의 세일즈, 과제해결 세일즈, 구매자와 공급자 간에 서로 만족하는 세일즈법 제시.
대전판 / 336쪽 / 13,000원

**연봉 1억 만들기** 김동주 지음
연봉으로 말해지는 임금을 재테크 하여 부자가 될 수 있는 방법 제시. 고액의 연봉을 받기 위해서 개인이 갖추어야 할 실무적 능력, 태도, 마음가짐, 재테크 수단 등을 각 주제에 따라 구체적으로 제시함으로써 부자를 꿈꾸는 사람들이 그 희망을 이룰 수 있게 해준다. 국판 / 216쪽 / 10,000원

**주말에 주말에 따른 한국형 주말창업** 최효진 지음
우리나라 실정에 맞는 주말창업 아이템의 제시 및 창업이 필요한 정보를 얻을 수 있는 곳, 주의해야 할 점, 실전 인터넷 쇼핑몰 창업, 표준사업계획서 등을 수록하여 지금 당장이라도 내 사업을 할 수 있게 해주는 창업 길라잡이서.
신국판 변형 양장본 / 216쪽 / 10,000원

**돈 되는 땅 돈 안되는 땅** 김영준 지음
부동산 틈새시장에서 성공하는 투자 노하우를 신행정수도 예정지 및 고속철도 역세권 등 투자 유망지역을 중심으로 완벽하게 수록해 놓은 부동산 재테크서. 신국판 / 320쪽 / 13,000원

**돈 버는 회사로 만들수 있는 109가지** 다카하시 도시노리 지음 / 민병우 옮김
회사경영에서 경영자가 꼭 알아야 할 기본 사항 수록, 내용이 항목별로 정리되어 있어 원하는 자료를 바로 찾아 볼 수 있는 것이 최대의 장점. 이 책을 통해서 불필요한 군살을 빼고 강한 근육질을 가진 돈 버는 회사를 만들어 보자. 신국판 / 344쪽 / 13,000원

**프로는 디테일에 강하다** 김미현 지음
탄탄하게 자리를 잡은 15군데 중소기업의 여성 CEO들이 회사를 운영하면서 겪은 어려움, 기쁨 등을 자서전 형식을 빌어 솔직 담백하게 얘기했다. 예비 창업자들을 위한 조언, 경영 철학, 성공 요인도 담고 있어 창업을 준비하는 사람들에게 도움이 될 것이다.
신국판 / 248쪽 / 9,000원

**아파트의 무동산으로 주머니돈 10배 만들기** 송복규 지음
재테크 수단으로 새롭게 각광 받고 있는 부동산을 이용한 재산 증식 방법 수록. 부동산 재료별 특성에 따른 맞춤 투자전략을 제시하고 알아두면 편리한 부동산 상식도 알려준다. 현직 전문 기자의 예리한 분석과 최신 정보가 담겨 있는 부동산재테크 가이드서.
신국판 / 328쪽 / 13,000원

**성공하는 슈퍼마켓&편의점 창업** 나명환 지음
슈퍼마켓이나 편의점을 창업하려고 하는 사람들을 위한 창업 가이드서. 어느 위치에 얼마만한 크기로, 어떤 상품을 갖추고 어떤 마인드로 창업하고 영업해야 대형할인점과의 경쟁에서 살아남을 수 있는지 등을 저자의 실제 경험과 통계, 전문가들의 의견을 바탕으로 상세하게 소개. 4×6배판 변형 / 500쪽 / 28,000원

**대한민국 정부 채택로 부동산 펀드와 리츠로 승부하라** 김영준 지음
새로운 재테크 수단으로 세간의 관심을 모으고 있는 부동산 펀드와 리츠에 관한 투자 안내서. 리스크 없이 투자에 성공하기 위해서 알아두어야 할 주의사항, 펀드 및 리츠 관련 상품 설명, 실제로 투자되고 있는 물건을 수록하여 책을 통해서 실전 투자감각을 익힐 수 있게 하였다. 신국판 / 256쪽 / 12,000원

**마일리지 200% 활용하기** 박성희 지음
우리 주변에는 마일리지와 관련 있는 다양한 카드가 있다. 신용카드로부터 시작하여 이동통신사의 멤버십 카드, 캐시백 카드, 각 업소의 스탬프 카드 등 다양한 종류의 카드가 각기 특성을 가지고 우리 생활 속에서 이용되고 있다. 잘 알고 활용하면 개인의 주머니 경제, 가게의 살림에 보탬이 되는 각종 마일리지에 관한 최신 정보를 한 권에 모아 놓았다. 이 책의 내용을 잘 활용하면 새는 돈을 알뜰살뜰 모으는 길이 보일 것이다.
국판 변형 / 200쪽 / 8,000원

## 주식

**개미군단 대박맞이 주식투자** 홍성걸(한양증권 투자분석팀 팀장) 지음
초보에서 인터넷을 활용한 주식투자까지 필자의 현장에서의 경험을 바탕으로 한 주식 성공전략의 모든 정보 수록.
신국판 / 310쪽 / 9,500원

**성공할 수 있는 주식투자** 이길영 외 2명 공저
일본과 미국의 주식시장을 철저한 분석과 데이터화를 통해 한국 주식시장의 투자의 흐름을 파악함으로써 한국 주식시장에서의 확실한 성공전략 제시!! 신국판 / 388쪽 / 12,500원

**현명한 주식투자를 위한 매매기법 매수타이밍 99%의 적중 노하우** 강경무 지음
승부사를 꿈꾸며 외신상담하는 모든 이들에게 희망의 등불이 될 것을 확신하는 Jusicman이 주식시장에서 돈벌고 성공할 수 있는 비결 전격공개!! 신국판 / 336쪽 / 12,000원

**부자 만들기 주식성공클리닉** 이창희 지음
저자의 경험담을 섞어서 주식이란 무엇인가를 풀어서 써놓은 주식입문서. 초보자와 자신을 성찰해볼 기회를 가지려는 기존의 투자자를 위해 썼다. 신국판 / 310쪽 / 11,500원

**선물 옵션 이론과 실전매매** 이창희 지음
선물과 옵션시장에서 일반인들이 실패하는 원인을 분석하고, 반드시 지켜야 할 투자원칙에 따라 유형별로 실전 매매 테크닉을 터득함으로써 투자를 성공적으로 할 수 있게 한 지침서!!
신국판 / 372쪽 / 12,000원

**너무나 쉬워 재미있는 주가차트** 홍성무 지음
주식시장에서는 차트 분석을 통해 주가를 예측하는 투자자만이 주식투자에서 성공하므로 차트에서 급소를 신속, 정확하게 뽑아내 매매타이밍을 잡는 방법을 알려주는 주식투자 지침서.
4×6배판 / 216쪽 / 15,000원

## 역 학

**관상의 만화력** 정도명 편저 / 신국판 / 532쪽 / 10,500원
**작명대전** 정보국 지음 / 신국판 / 460쪽 / 12,000원
**하락이수 해설** 이천교 편저 / 신국판 / 620쪽 / 27,000원
**한국인의 좋은글 관상과 수상** 백운산 지음 / 신국판 / 344쪽 / 9,000원
**대운용신영부적** 정재원 지음 / 신국판 양장본 / 750쪽 / 39,000원
**사주비결활용법** 이세진 지음 / 신국판 / 392쪽 / 12,000원
**쉽게 푸이해주는 성명학대전**
박용찬 지음 / 신국판 / 388쪽 / 11,000원
**김흉화복 꿈풀이 비법** 백운산 지음 / 신국판 / 410쪽 / 12,000원
**새천년 작명길잡이** 정재원 지음 / 신국판 / 492쪽 / 13,900원
**백운산의 신세대 궁합** 백운산 지음 / 신국판 / 304쪽 / 9,500원
**동자삼 작명학** 남시모 지음 / 신국판 / 496쪽 / 15,000원
**구성학의 기초** 문길여 지음 / 신국판 / 412쪽 / 12,000원

## 법률 일반

**여성을 위한 성범죄 법률상식** 조명원(변호사) 지음
성희롱에서 성폭력범죄까지 여성이었기 때문에 특히 말 못하고 당해야만 했던 이 땅의 여성들을 위한 성범죄 법률상식서. 사례별 법적 대응방법 제시. 신국판 / 248쪽 / 8,000원

**아파트 난방비 75% 절감방법** 고영근 지음
예비역 공군소장이 잘못 부과된 아파트 난방비를 최고 75%까지 줄일 수 있는 방법을 구체적인 법적 근거를 토대로 작성한 아파트 난방비 절감방법 제시. 신국판 / 238쪽 / 8,000원

**일반인이 꼭 알아야 할 절세전략 173선** 최성호(공인회계사) 지음
세법을 제대로 알면 돈이 보인다. 현직 공인회계사가 알려주는 합법적으로 세금을 덜 내고 돈을 버는 절세전략의 모든 것!
신국판 / 392쪽 / 12,000원

변호사와 함께하는 **부동산 경매** 최환주(변호사) 지음
새 상가건물임대차보호법에 따른 권리분석과 채무자나 세입자의 권리방어기법은 제시한다. 또한 새 민사집행법에 따른 각 사례별 해설도 수록. 신국판 / 404쪽 / 13,000원

혼자서 쉽고 빠르게 할 수 있는 **소액재판** 김재용·김종철 공저
나홀로 소액재판을 할 수 있도록 소장작성에서 판결까지의 실제 재판과정을 상세하게 수록하여 이 책 한 권이면 모든 것을 완벽하게 해결할 수 있다. 신국판 / 312쪽 / 9,500원

"술 한 잔 사겠다"는 말에서 찾아보는 **채권·채무** 변환철(변호사) 지음
일반인들이 꼭 알아야 할 채권·채무에 관한 법률 사항을 빠짐없이 수록. 신국판 / 408쪽 / 13,000원

알기쉬운 **부동산 세무 길라잡이** 이건우(세무서 재산계장) 지음
부동산에 관련된 모든 세금을 알기 쉽게 단계별로 해설. 합리적이고 탈세가 아닌 적법한 절세법 제시. 신국판 / 400쪽 / 13,000원

알기쉬운 **어음, 수표 길라잡이** 변환철(변호사) 지음
어음, 수표의 발행에서부터 도난 또는 분실한 경우의 공시최고와 제권판결에 이르기까지 어음, 수표 관련 법률사항을 쉽고도 상세하게 압축해 놓은 생활법률서. 신국판 / 328쪽 / 11,000원

**제조물책임법** 강동근(변호사)·윤종성(검사) 공저
제품의 설계, 제조, 표시상의 결함으로 소비자가 피해를 입었을 때 제조업자가 배상책임을 져야 하는 제조물책임 시대를 맞아 제조업자가 갖춰야 할 법률적 지식을 조목조목 설명해 놓은 법률서. 신국판 / 368쪽 / 13,000원

알기 쉬운 **주5일근무에 따른 임금·연봉제 실무**
문강분(공인노무사) 지음
최근의 행정해석과 판례를 중심으로 임금관련 문제를 정리하고 기업에서 관심이 많은 연봉제 및 성과배분제, 비정규직문제, 여성근로자문제 등의 이슈들과 주40시간제 법개정, 퇴직연금제 도입 등 최근의 법·시행령 개정사항을 모두 수록한 임금·연봉제실무 지침서. 4×6배판 변형 / 544쪽 / 35,000원

변호사 없이 당당히 이길 수 있는 **형사소송** 김대환 지음
우리 생활과 함께 숨쉬는 형사법 서식을 구체적인 사례와 함께 소개. 내 손으로 간결하고 명확한 고소장·항소장·상고장 등 형사소송서식을 작성할 수 있다. 형사소송 관련 서식 CD 수록.
신국판 / 304쪽 / 13,000원

변호사 없이 당당히 이길 수 있는 **민사소송** 김대환 지음
민사, 호적과 가사를 포함한 생활과 밀접한 관련이 있는 생활법률 전반을 보통 사람들이 가장 궁금해하는 내용을 위주로 하여 사례를 들어가며 아주 쉽게 풀어놓은 민사 실무서.
신국판 / 412쪽 / 14,500원

혼자서 해결할 수 있는 **교통사고 Q&A** 조명원(변호사) 지음
현실에서 본인이 아무리 원하지 않더라도 운명처럼 누구에게나 닥칠 수 있는 교통사고 문제를 사례, 각급 법원의 주요 판례와 함께 정리하여 일반인들도 쉽게 이해할 수 있도록 내용 구성.
신국판 / 336쪽 / 12,000원

## 생활법률

**부동산 생활법률의 기본지식**
대한법률연구회 지음 / 김원중(변호사) 감수
신국판 / 480쪽 / 12,000원

**고소장·내용증명 생활법률의 기본지식**
하태웅(변호사) 지음 / 신국판 / 440쪽 / 12,000원

**노동 관련 생활법률의 기본지식**
남동희(공인노무사) 지음 / 신국판 / 528쪽 / 14,000원

**외국인 근로자 생활법률의 기본지식**
남동희(공인노무사) 지음 / 신국판 / 400쪽 / 12,000원

**계약작성 생활법률의 기본지식**
이상도(변호사) 지음 / 신국판 / 560쪽 / 14,500원

**지적재산 생활법률의 기본지식**
이상도(변호사)·조의제(변리사) 공저 / 신국판 / 496쪽 / 14,000원

**부당노동행위와 부당해고 생활법률의 기본지식**
박영수(공인노무사) 지음 / 신국판 / 432쪽 / 14,000원

**주택·상가임대차 생활법률의 기본지식**
김운용(변호사) 지음 / 신국판 / 480쪽 / 14,000원

**하도급거래 생활법률의 기본지식**
김진흥(변호사) 지음 / 신국판 / 440쪽 / 14,000원

**이혼소송과 재산분할 생활법률의 기본지식**
박동섭(변호사) 지음 / 신국판 / 460쪽 / 14,000원

**부동산등기 생활법률의 기본지식**
정상태(법무사) 지음 / 신국판 / 456쪽 / 14,000원

**기업경영 생활법률의 기본지식**
안동섭(단국대 교수) 지음 / 신국판 / 466쪽 / 14,000원

**교통사고 생활법률의 기본지식**
박정무(변호사)·전병찬 공저 / 신국판 / 480쪽 / 14,000원

**소송서식 생활법률의 기본지식**
김대환 지음 / 신국판 / 480쪽 / 14,000원

**호적·가사소송 생활법률의 기본지식**
정주수(법무사) 지음 / 신국판 / 516쪽 / 14,000원

**상속과 세금 생활법률의 기본지식**
박동섭(변호사) 지음 / 신국판 / 480쪽 / 14,000원

**담보·보증 생활법률의 기본지식**
류창호(법학박사) 지음 / 신국판 / 436쪽 / 14,000원

**소비자보호 생활법률의 기본지식**
김성천(법학박사) 지음 / 신국판 / 504쪽 / 15,000원

**판결·공정증서 생활법률의 기본지식**
정상태(법무사) 지음 / 신국판 / 312쪽 / 13,000원

## 처 세

성공적인 삶을 추구하는 여성들에게 **우먼파워**
조안 커너·모이라 레이너 공저 / 지창영 옮김
사회의 여성을 향한 냉대와 편견의 벽을 깨뜨리고 성공적인 삶을 이루려는 여성들이 갖추어야 할 자세 및 삶의 이정표 제시!!
신국판 / 352쪽 / 8,800원

聽 **이익이 되는 말** 話 **손해가 되는 말**
우메시마 미요 지음 / 정성호 옮김
직장이나 집안에서 언제나 주고받는 일상의 화제를 모아 실음으로써 대화의 참의미를 깨닫고 비즈니스를 성공적으로 이끌기 위한 대화술을 키우는 방법 제시!! 신국판 / 304쪽 / 9,000원

성공하는 사람들의 **화술테크닉** 민영욱 지음
개인간의 사적인 대화에서부터 대중을 위한 공적인 강연에 이르기까지 어떻게 말하고 어떻게 스피치를 할 것인가에 관한 지침서.
신국판 / 320쪽 / 9,500원

**부자들의 생활습관 가난한 사람들의 생활습관**
다케우치 야스오 지음 / 홍영의 옮김
경제학의 발상을 기본으로 하여 사람들이 살아가면서 생활에서 생각해 볼 수 있는 이익을 보는 생활습관과 손해를 보는 생활습관을 수록, 독자 자신에게 맞는 생활습관의 기본 전략을 설계할 수 있도록 제시. 신국판 / 320쪽 / 9,500원

**코끼리 귀를 당긴 원숭이-히딩크식 창의력을 배우자**
강충인 지음
코끼리와 원숭이의 우화를 히딩크의 창조적 경영기법과 리더십에 대비하여 자기혁신, 기업혁신을 꾀하는 창의력 개발법을 제시.
신국판 / 208쪽 / 8,500원

**성공하려면 유머와 위트로 무장하라** 민영욱 지음
21세기에 들어 새로운 추세를 형성하고 있는 말 잘하기. 이러한 추세에 맞추어 현재 스피치 강사로 활약하고 있는 저자가 말을 잘하는 방법과 유머와 위트를 만들고 즐기는 방법을 제시한다.
신국판 / 292쪽 / 9,500원

**등소평의 오똑이전략** 조창남 편저
중국 역사상 정치·경제·학문 등의 분야에서 최고 위치에 오른 리더들의 인재활용, 상황 극복법 등 처세 전략·전술을 통해 이 시대의 성공인으로 자리매김하는 해법 제시.
신국판 / 304쪽 / 9,500원

**노무현 화술과 화법을 통한 이미지 변화** 이현정 지음
현재 불교방송에서 활동하고 있는 이현정 아나운서의 화술 길라잡이. 노무현 대통령의 독특한 화술과 화법을 통해 리더로서,

성공인으로서 갖추어야 할 화술 화법을 배우는 화술 실용서.
신국판 / 320쪽 / 10,000원

**성공하는 사람들의 토론의 법칙**  민영욱 지음
다양한 사람들의 다양한 욕구를 하나로 응집시키는 수단으로 등장하고 있는 토론에 관해 간단하고 쉽게 제시한 토론 길라잡이서.
신국판 / 280쪽 / 9,500원

**사람은 칭찬을 먹고산다**  민영욱 지음
현대에서 성공하는 사람으로 남기 위해서는 남을 칭찬할 줄도 알아야 한다. 성공하는 사람이 되기 위해서 알아야 할 칭찬 스피치의 기법, 특징 등을 실생활에 적용해 설명해놓은 성공처세 지침서.  신국판 / 268쪽 / 9,500원

**사과의 기술**  김농주 지음
미안하다는 말에 인색한 한국인들에게 "I'm sorry."가 성공을 위한 처세 기법으로 다가온다. 직장, 가정 등 다양한 환경에서 사과 한마디의 의미, 기능을 알아보고 효율성을 가진 사과가 되기 위해 갖추어야 할 조건을 제시한다.
신국판 변형 양장본 / 200쪽 / 10,000원

**취업 경쟁력을 높여라**  김농주 지음
각 기업별 특성 및 취업 정보 분석과 예비 취업자의 능력 개발, 자신의 적성에 맞는 직종과 직장 잡는 법을 상세하게 수록.
신국판 / 280쪽 / 12,000원

**유비쿼터스시대의 블루오션 전략**  최양진 지음
나날이 치열해지는 경쟁 환경 속에서 최후의 웃는 사람이 되기 위해서는 시대의 흐름에 빨리 적응하고, 정보를 신속하게 받아들이며, 남과는 다른 튀는 행동을 해야 한다고 저자는 주장한다. 유비쿼터스시대를 맞아 생존 경쟁에서 살아남는 지혜, 전략을 현실 점검을 바탕으로 세우는 방법 제시.
신국판 / 248쪽 / 10,000원

**나만의 블루오션 전략 - 화술편**  민영욱 지음
모든 사람과의 관계에는 대화가 있게 마련이다. 특히 직장인이나 비즈니스를 하는 CEO들은 더욱 절실히 느낄 것이다. 이 책에는 일반적으로 나누는 대화의 기법부터 좀더 부드러운 분위기를 위한 유머화술의 기법까지 총망라하여 성공된 리더가 될 수 있는 방법을 제시한다.
신국판 / 254쪽 / 10,000원

## 명 상

**명상으로 얻는 깨달음**  달라이 라마 지음 / 지창영 옮김
티베트의 정신적 지도자이자 실질적 지도자인 달라이 라마의 수많은 가르침 가운데 현대인에게 필요해지고 있는 안내에 대한 이야기.  국판 / 320쪽 / 9,000원

## 어 학

**2진법 영어**  이상도 지음
2진법 영어의 비결을 통해서 기존 영어학습 방법의 단점을 말끔히 해소시켜 주는 최초로 공개되는 고효율 영어학습 방법. 적은 시간을 투자하여 영어의 모든 것을 획기적으로 향상시킬 수 있는 비법을 제시한다.  4×6판 변형 / 328쪽 / 13,000원

**한 방으로 끝내는 영어**  고재윤 지음
일상생활에서의 이야기를 바탕으로 하는 영어강의로 영어문법은 재미없고 지루하다고 생각하는 이 땅의 모든 사람들의 상식을 깨면서 학습 효과를 높이기 위한 공부방법을 제시하는 새로운 영어학습서.  신국판 / 316쪽 / 9,800원

**한 방으로 끝내는 영단어**  김승엽 지음 / 김수경 · 카렌 감수
일상생활에서 우리가 무심코 던지는 영어 한마디가 당신의 영어 수준을 드러낸다는 사실을 깨닫게 하는 영어 실용서. 풍부한 예문을 통해 참영어를 배우겠다는 사람, 무역업이나 관광 안내업에 종사하는 사람, 영어권 나라로 이민을 가려는 사람들에게 많은 도움을 줄 것이다.  4×6배판 변형 / 236쪽 / 9,800원

**해도해도 안 되던 영어회화 하루에 30분씩 90일이면 끝낸다**
Carrot Korea 편집부 지음

온라인과 오프라인을 넘나들면서 영어학습자의 각광을 받고 있는 린다의 현지 생활 영어 수록. 교과서에서 배울 수 없었던 생생한 실생활 영어를 90일 학습으로 모두 끝낼 수 있다.
4×6판 변형 / 260쪽 / 11,000원

**바로 활용할 수 있는 기초생활영어**  김수경 지음
다양한 상황에 대처할 수 있도록 인사나 감정 표현, 전화나 교통, 장소 및 기타 여러 사항에 관한 기초생활영어를 총망라.
신국판 / 240쪽 / 10,000원

**바로 활용할 수 있는 비즈니스영어**  김수경 지음
해외 출장시, 외국의 바이어 접견시 기본적으로 사용할 수 있는 상황별 센텐스를 수록하여 해외 출장 준비 및 외국 바이어 접견을 완벽하게 끝낼 수 있게 했다.  신국판 / 252쪽 / 10,000원

**생존영어55**  홍일록 지음
살아 있는 영어를 익힐 수 있는 기회 제공. 반드시 알아야 할 핵심 센텐스를 저자가 미국 현지에서 겪었던 황당한 사건들과 함께 수록, 재미도 느낄 수 있다.  신국판 / 224쪽 / 8,500원

**필수 여행영어회화**  한현숙 지음
해외로 여행을 갔을 때 원어민에게 바로 통할 수 있는 발음 수록. 자신 있고 당당한 자기 표현으로 즐거운 여행을 할 수 있도록 손안의 가이드 역할을 해줄 것이다.
4×6판 변형 / 328쪽 / 7,000원

**필수 여행일어회화**  유영자 지음
가깝고도 먼 나라라고 흔히 말해지는 일본을 제대로 알기 위해 노력하는 사람들에게 손안의 가이드 역할을 하는 실전 일어회화집. 일어 초보자들을 위한 한글 발음 표기 및 필수 단어 수록.
4×6판 변형 / 264쪽 / 6,500원

**필수 여행중국어회화**  이은진 지음
중국에서의 생활이나 여행에 꼭 필요한 상황별 회화. 반드시 알아야 할 1500여 개의 단어에 한자병음과 우리말 표기를 읽음에 가깝게 달아 놓았으므로 든든한 도우미가 되어 줄 것이다.
4×6판 변형 / 256쪽 / 7,000원

**영어로 배우는 중국어**  김승엽 지음
중국으로 여행을 가거나 출장을 가는 사람들이 알아두어야 할 기초 생활 회화와 여행 회화를 영어, 중국어 동시에 익힐 수 있게 내용을 구성.  신국판 / 216쪽 / 9,000원

**필수 여행스페인어회화**  유연창 지음
은행, 병원, 교통 수단 이용하기 등 외국에서 직접적으로 맞닥뜨리게 되는 상황을 설정하여 바로바로 도움을 받을 수 있게 간단한 회화를 한글 발음 표기와 같이 수록하여 손안의 도우미 역할을 해줄 것이다.  4×6판 변형 / 288쪽 / 7,000원

**바로 활용할 수 있는 홈스테이 영어**  김형주 지음
일반 가정생활, 학교생활에서 꼭 알아야 할 상황별 회화 · 문법 · 단어를 수록, 유학생활 동안 원어민 가족과 살면서 영어를 좀더 쉽게 배울 수 있도록 알려주는 안내서.
신국판 / 184쪽 / 9,000원

## 레포츠

**수영이의 브라질 축구 탐방 삼바 축구, 그들은 강하다**  이수열 지음
축구에 대한 관심만으로 각 나라의 축구팀, 특히 브라질 축구팀에 애정을 가지고 브라질 축구팀의 전력 및 각 선수들의 장단점을 나름대로 분석하고 연구하여 자신의 의견을 피력하고 있는 축구 길라잡이서.  신국판 / 280쪽 / 8,500원

**마라톤, 그 아름다운 도전을 향하여**
빌 로저스 · 프리실라 웰치 · 조 헨더슨 공저
오인환 감수 / 지창영 옮김
마라톤에 입문하고자 하는 초보 주자들을 위한 마라톤 가이드서. 올바르게 달리는 법, 음식 조절법, 달리기 전 준비운동, 주자에게 맞는 프로그램 짜기, 부상 예방법을 상세하게 설명하고 있다.
4×6배판 / 320쪽 / 15,000원

**퍼팅 메커닉**  이근택 지음
감각에 의존하는 기존 방식의 퍼팅은 이제 그만!! 저자 특유의 과학적 이론을 신체근육 운동학에 접목시켜 몸의 무리를 최소한으로 덜고 최대한의 정확성과 거리감을 갖게 하는 새로운 퍼팅 메커닉 북.  4×6배판 변형 / 192쪽 / 18,000원

**아마골프 가이드**  장영호 지음

골프를 처음 시작하는 모든 아마추어 골퍼를 위해 보다 쉽고 빠르게 이해할 수 있도록 내용이 구성된 아마골프 레슨 프로그램서.
4×6배판 변형 / 216쪽 / 12,000원

### 인라인스케이팅 100%즐기기  임미숙 지음
레저 문화에 새로운 강자로 자리매김하고 있는 인라인 스케이팅을 안전하고 재미있게 즐길 수 있도록 알려주는 인라인 스케이팅 지침서. 각단계별 동작을 한눈에 알아볼 수 있도록 세부 동작별 일러스트 수록.    4×6배판 변형 / 172쪽 / 11,000원

### 배스낚시 테크닉  이종건 지음
현재 한국배스스쿨에서 강사로 활약하고 있는 아마추어 배스 낚시꾼이 중급 수준의 배스 낚시꾼들이 자신의 실력을 한 단계 업그레이드 시킬 수 있도록 루어의 활용, 응용법 등을 상세하게 해설.
4×6배판 / 440쪽 / 20,000원

### 나도 디지털 전문가 될 수 있다!!!  이승훈 지음
깜찍한 디자인과 간편하게 휴대할 수 있다는 장점 때문에 새로운 생활필수품으로 자리를 잡아가고 있는 디카·디캠을 짧은 시간 안에 쉽게 배울 수 있도록 해놓은 초보자를 위한 디카·디캠길라잡이서.    4×6배판 변형 / 320쪽 / 19,200원

### 스키 100% 즐기기  김동환 지음
스키 인구의 확산 추세에 따라 스키의 기초 이론 및 기본 동작부터 상급의 기술까지 단계별 동작을 전문가의 동작사진을 곁들여 내용 구성.    4×6배판 변형 / 184쪽 / 12,000원

### 태권도 총론  하웅의 지음
우리의 국기 태권도에 관한 실용 이론서. 지도자가 알아야 할 사항, 태권도장 운영이론, 응급처치법 및 태권도 경기규칙 등 필수 내용만 수록.    4×6배판 / 288쪽 / 15,000원

### 건강하고 아름다운 동양란 기르기  난마을 지음
동양란 재배의 첫걸음부터 전시회 출품까지 동양란의 모든 것 수록. 동양란의 구조·특징·종류·감상법, 꽃대 관리·꽃 피우기·발색 요령 등 건강하고 아름다운 동양란 만들기로 구성.
4×6배판 변형 / 184쪽 / 12,000원

### 수영 100% 즐기기  김종만 지음
물 적응하기부터 수영용품, 수영과 건강, 응용수영 및 고급 수영 기술에 이르기까지 주옥 같은 수중촬영 연속사진으로 자세히 설명해 주는 수영기법 Q&A.    4×6배판 변형 / 248쪽 / 13,000원

### 애완견114  황영원 엮음
애완견 길들이기, 애완견의 먹거리, 멋진 애완견 만들기, 애완견의 질병 예방과 건강, 애완견의 임신과 출산, 애완견에 대한 기타 관리 등 애완견을 기를 때 반드시 알아야 할 내용 수록.
4×6배판 변형 / 228쪽 / 13,000원

### 건강을 위한 웰빙 걷기  이강옥 지음
건강 운동으로서 많은 사람들의 관심을 모으고 있는 걷기운동을 상세하게 설명. 걷기시 필요한 장비, 올바른 걷기 자세를 설명하고 고혈압·당뇨병·비만증·골다공증 등 성인병과 관련해 걷기 운동을 했을 때 얻을 수 있는 효과를 수록하여 성인병을 예방하고 치료할 수 있도록 하였다.    대국전판 / 280쪽 / 10,000원

### 우리 땅 우리 문화가 살아 숨쉬는 옛터  이형권 지음
우리나라에서 가장 가보고 싶은 역사의 현장 19곳을 선정, 그 터에 어린 조상의 숨결과 역사적 증언을 만날 수 있는 시간 제공. 맛있는 집, 찾아가는 길, 꼭 가봐야 할 유적지 등 핵심 내용 선별 수록.    대국전 올컬러 / 208쪽 / 9,500원

### 아름다운 산사  이형권 지음
우리나라의 대표적인 산사를 찾아 계절 따라 산사가 주는 이미지, 산사가 안고 있는 역사적 의미를 되새겨 본다. 동시에 산사를 찾음으로써 생활에 찌든 현대인들이 삶의 활력을 되찾는 시간을 갖게 한다.    대국전 올컬러 / 208쪽 / 9,500원

### 골프 100타 깨기  김준모 지음
읽고 따라 하기만 해도 100타를 깰 수 있는 골프의 전략·전술의 비법 공개. 뛰어난 골프 실력은 올바른 그립과 어드레스에서 비롯됨을 강조한 초보자를 위한 실전 골프 지침서.
4×6배판 변형 / 136쪽 / 10,000원

### 쉽고 즐겁게! 신나게! 배우는 재즈댄스  최재선 지음
몸치인 사람도 쉽게 따라 하고 배우는 재즈댄스 안내서. 이 책에 실려 있는 기본 동작을 익혀 재즈댄스를 하면 생활 속의 긴장과 스트레스를 털어버리고 활력을 되찾을 수 있으며, 다이어트 효과도 얻을 수 있다.    4×6배판 변형 / 200쪽 / 12,000원

### 맛과 멋이 있는 낭만의 카페  박성찬 지음
가족끼리, 연인끼리 추억을 만들고 행복한 시간을 보낼 수 있는 서울 근교의 카페를 엄선하여 소개. 카페에 대한 인상 및 기본 정보, 인근 볼거리 등도 함께 수록하여 손안의 인터넷 정보서가 될 수 있게 했다.    대국전판 올컬러 / 168쪽 / 9,900원

### 한국의 숨어 있는 아름다운 풍경  이종원 지음
우리 나라의 숨어 있는 아름다운 풍경을 찾아 소개하는 여행서. 저자의 여행 감상과 먹거리, 볼거리, 사람 사는 이야기가 담겨 있어 안내서라기보다는 답사기라고 할 수 있다. 서정과 사진이 풍부하게 담겨 있는 그곳에 가고 싶다 시리즈4번째 책.
대국전판 올컬러 / 208쪽 / 9,900원

### 사람이 있고 자연이 있는 아름다운 명산  박기성 지음
산을 좋아하는 사람들을 위한 산 안내서. 한번쯤 가보면 좋을 산을 엄선하여 그 산이 갖는 매력을 서정성 짙은 글로 풀어 놓았다. 가는 방법과 둘러 보아야 할 곳도 덤으로 설명.
대국전판 올컬러 / 176쪽 / 12,000원

### 마음의 고향을 찾아가는 여행 포구  김인자 지음
일상 생활에서 벗어나고 싶다면 우리 국토의 진정한 아름다움을 느끼게 해주는 포구로 가보자. 그 곳에서 사람냄새, 자연이 어우러진 역동성에 삶의 의욕을 되찾을 수 있을 것이다. 시인이자 여행가인 김인자 님이 소개하는 가볼 만한 대표적인 포구 20곳 수록. 볼거리, 먹거리와 함께 서정성 넘치는 글로 포구의 낭만, 삶의 현장을 소개.    대국전판 올컬러 / 224쪽 / 14,000원

### 골프 90타 깨기  김광섭 지음
90타를 깨고 싱글로 진입할 수 있게 해주는 실전 골프 테크닉서. 스트레칭, 세트 업, 드라이버 스윙, 샷, 어프로치, 퍼팅, 벙커 샷 등의 스윙 원리를 요점을 짚어 정리해 놓았으므로 골퍼 자신의 잘못된 스윙을 바로잡는데 많은 도움이 될 것이다. 또한 연습장에서 스윙 연습을 하는 방법도 수록해 골프의 재미를 한층 더 배가시켜 즐길 수 있게 하였다.    4×6배판 변형 / 148쪽 / 11,000원

### 생명이 살아 숨쉬는 한국의 아름다운 강  민병준 지음
물놀이를 하는 아이들, 재첩을 잡는 사람들, 두물머리에 서 있는 연인들. 이 모습은 우리 나라의 강변에서 볼 수 있는 정겨운 장면이다. 우리 나라의 대표적인 강 15곳을 엄선하여 찾아가는 법, 먹거리, 잘 곳 등을 함께 수록. 또한 강과 연관된 인근의 볼거리를 수록하여 가족이나 연인 사이에는 추억을 만들고, 자녀와는 역사공부도 할 수 있게 내용을 아기자기 하게 꾸민 강 여행서.
대국전판 올컬러 / 168쪽 / 12,000원

### 틈나는 대로 세계여행  김재관 지음
다른 나라의 낯설고 다른 문화를 알고자 하는 노력은 결국 내 자신의 정신세계를 풍요롭게 하는 일이다. 그리고 여행이 정신세계를 풍요롭게 하는데 좋은 도구가 될 수 있다. 이 책에는 도전과 모험을 꿈꾸는 사람이라면 한 번은 가보아야 할 세계의 오지에 대한 이야기가 실려 있다. 저자가 엄선한 28개국의 오지에 대한 감상, 교통편, 알아두면 편리한 상식 등이 수록되어 있으므로 여행지에 대한 사전 지식을 쌓는데 많은 도움이 될 것이다.
4×6배판변형 올컬러 / 368쪽 / 20,000원

### KLPGA 최여진 프로의 센스 골프  최여진 지음
KLPGA 출신 처음으로 쓴 골프 길라잡이. 신체 조건이나 골프채의 길이 또는 무게, 스윙 등 기초에서부터 기술적인 부분까지 미세하게 다른, 그동안 필자가 여성으로서 느꼈던 애로사항과 노하우를 담아 모든 골프 마니아들에게 실질적인 도움을 주고 스코어를 줄일 수 있는 해답을 찾게 해줄 것이다.
4×6배판변형 올컬러 / 192쪽 / 13,900원

### 해양스포츠 카이트보딩  김남용 편저
국내 유일의 카이트보딩 자격증 소지자가 소개하는 국내 최초의 카이트보딩 안내서. 친절한 안내와 기술 향상을 위한 지식을 담고 있어 초보자에서 마니아에 이르기까지 훌륭한 동반자가 되어줄 것이다.    신국판 올컬러 / 152쪽 / 18,000원

### KTPGA 김준모 프로의 파워 골프  김준모 지음
골프의 기원과 역사를 비롯하여 골프의 기본 기술을 체계적으로 숙달할 수 있는 효과적인 연습법, 골퍼에게 필요한 기본 상식들을 모두 수록하였다. 골프를 더욱더 깊이 이해하고 골프를 즐기고 골프를 통하여 삶의 활력소를 얻을 수 있을 뿐만 아니라, 진정한 골퍼로서 거듭날 기회를 제공해줄 것이다.
4×6배판변형 올컬러 / 192쪽 / 13,900원

나만의 블루오션전략
〈화술편〉

2005년 12월 10일 제1판 1쇄 발행
2008년 5월 25일 제1판 6쇄 발행

지은이/민영욱
펴낸이/강선희
펴낸곳/가림출판사

등록/1992. 10. 6. 제4-191호
주소/서울시 광진구 구의동 57-71 부원빌딩 4층
대표전화/458-6451  팩스/458-6450
홈페이지 http://www.galim.co.kr
전자우편 galim@galim.co.kr

값 10,000원

ⓒ 민영욱, 2005

저자와의 협의하에 인지를 생략합니다.

불법복사는 지적재산을 훔치는 범죄행위입니다.
저작권법 제97조의 5(권리의 침해죄)에 따라 위반자는 5년 이하의 징역
또는 5천만 원 이하의 벌금에 처하거나 이를 병과할 수 있습니다.

ISBN 978-89-7895-218-7 13320

가림출판사 · 가림M&B · 가림Let's의 홈페이지(http://www.galim.co.kr)에 들어오시면 가림출판사 · 가림M&B · 가림Let's의 신간도서 및 출간 예정 도서를 포함한 모든 책들을 만나실 수 있습니다.
온라인 서점을 통하여 직접 도서 구입도 하실 수 있으며 가림 홈페이지 내에서 전국 대형 서점들의 사이트에 링크하시어 종합 신간 안내 및 각종 도서 정보, 책과 관련된 문화 정보를 받아보실 수 있습니다.
또한 홈페이지 방문시 회원으로 가입하시면 신간 안내 자료를 보내드립니다.

**\*\*자비 출판 안내**

다양한 취향과 개성이 표출되면서 출판 분야 또한 다양화되고 소량화되어 갑니다. 가히 다품종 소량 출판의 시대라 할 수 있습니다.

가림출판사에서는 숨은 원고를 발굴하여 세상에 선보이고자 하는 취지로 주문형 출판을 해 드립니다. 아끼는 원고를 책으로 만드시려면 저희 가림출판사에 문의하시기 바랍니다. 20년 이상의 출판 경험을 활용하여 적절한 가격으로 귀하의 품위를 지켜 드립니다.
자비 출판이란 저자가 제작 비용을 부담하고 출판사가 제작과 사후 관리를 담당하는 시스템입니다. 다음과 같은 부대 사항을 당사에서 대행해 드립니다.

- 원고를 책으로 제작
- 출판등록과 국제 문헌번호(ISBN) 부여
- 대한출판문화협회에 납본
- 판권 보장
- 당사 거래 전국 서점에 유통 및 관리

자세한 내용은 저희 출판사로 문의해 주시기 바랍니다.

TEL : 02 - 458 - 6451　　　　FAX : 02 - 458 - 6450
홈페이지:http://www.galim.co.kr　　E-mail : galim@galim.co.kr